KB068993

한국시장의 프랜차이즈 법칙

The Franchise Law in the Korean Market

한국시장의

프랜차이즈 법칙

The Franchise Law
in The Korean Market

유재은

박영사

1991년 프랜차이즈 업계에 뛰어든 후, 10년이 되어갈 때인 1999년 처음으로 「한국시장의 프랜차이즈 전략」이라는 실무전략서를 집필했다. 당시로서는 황무지 같았던 프랜차이즈 분야에서 출간된 국내 최초의 프랜차이즈 서적이라는 의미가 있었다.

1만 명의 독자가 읽어준 덕분에 출간 당시 몇 년간은 교보문고에서 스테디셀러가 되어 주었다.

그 책에서는 특히 프랜차이즈에서 가장 중요한 상권전략에 있어 프랜차이즈 일반상권과 프랜차이즈 특수상권, 프랜차이즈 대형 일반상권, 중형 일반상권, 소형 일반상권, 대학 특수상권, 백화점 특수상권, 대형마트 특수상권, 역-터미널 특수상권 등과 같은 용어를 필자가 그 책에서 처음 만들어 사용하였는데, 이제는 한국 프랜차이즈 시장에서 보편적 용어로 쓰이고 있음에 보람을 느낀다.

그리고 첫 번째 저서인 「한국시장의 프랜차이즈 전략」의 내용들을 지난 18년간 프랜차이즈 현장에서 검증하는 시간을 갖게 되었다. 그리고 검증의 시간이 끝나고 드디어 두 번째 책인 「한국시장의 프랜차이즈 법칙」을 집필하게 되었다.

프랜차이즈 시장에서 사업전략을 세우고 실행하고 검증하는 가운데 한국시장에서 우리가 알고 있는 상식과는 다르게 계속적으로 반복되는 원리와 법칙들을 적용하며 검증하게 되었다. 그 확인되고 검증된 법칙 중에서 24개의 대표적인 법칙들을 모아「한국시장의 프랜차이즈 법칙」이란 제목으로 출간하게 된 것이다.

이미 국내 프랜차이즈 시장에서 충분히 검증된 법칙들이라 프랜차이즈 분야가 서로 조금씩 다르다 해도 적용하기에는 무리가 없을 것이다. 이 법칙들을 적용하지 않아도 된다. 다만, 한국 프랜차이즈 시장에서 그 대가를 치르게 될 것이다. 이 법칙들을 적용하면 많은 시행착오를 줄이고 프랜차이즈 산업현장에서 사업의 성과를 올리는 데 시간을 단축할 수 있을 것이다.

이 책이 나오기까지 늘 부족한 저를 인도하시고 지켜주시며 책을 쓸 수 있는 지혜를 허락하신 살아계신 하나님의 은혜에 감사드린다.

이 책을 초고부터 도와준 나의 친구 최광모 대표와 조언을 아끼지 않은 홍성주 부사장님, 디자인 조언을 해준 고승종 실장님, 이 책의 출간을 위해 바쁜 일정을 할애해주신 박영사의 임재무 이사님, 김선민 부장님, 이승현 대리님, 손준호 대리님, 그리고 우리 전략연구소의 조석봉 과장이 없었으면 출판은 아직도 요원했을 수 있기에 진심으로 감사드린다.

그 동안 도움을 주신 분들이 참 많다. 부족한 저를 격려해 주셨던 프랜차이즈 학계의 최고 좌장이신 연세대 오세조 부총장님과 박노봉 사장, 김현 본부장, 박범섭 상무, 최승우 대령, 성종훈 님, 이희태 전무, 지승호 이사, 김상문 세무사, 오공근 이사님, 조문성 대표, 정정호 대표, 김영기 님, 정종암 님, 김갑중 대표님, 이인호 변호사, 신재훈 님, 박진호 대표, 신무 회계사, 정성화 부사장, 신성호 님, 그리고 장갑순 대표, 장영미 상무, 박영주 선생님, 장영란 님과 우리 장모님 모두에게 마음을 모아 감사드리고자 한다.

늘 기도와 격려로 도와준 우리 누나들 유연순과 유은이와 저를 응

원해주시고 힘을 주셨던 매형 김태구 님과 외삼촌 이장수 님, 이진수 님, 오랜 시간 많은 도움을 주어온 나의 동생 유재용 대표와 제수씨 구숙영 님, 그리고 늘 아들을 위해 기도하시는 우리 어머님께 진심으로 감사드린다.

책의 원고를 함께 검토하고 교정해준 우리 딸 유하은, 아들 유하영에게도 큰 고마움을 전한다.

무엇보다도 지난 30년간 프랜차이즈 전문가의 한 길을 걸을 수 있도록 한결같이 도와주고 힘이 되어준 나의 사랑하는 아내 장영선에게 이 책을 바친다.

2017. 1.

유재은 프랜차이즈 전략연구소

CEO / 대표컨설턴트 유 재 은

스마트폰으로 아래의 QR코드를 스캔하시면
유재은 프랜차이즈 전략연구소를
더욱 쉽게 만날 수 있습니다.

http://www.franco.co.kr

| 차례 |

The Franchise Law
in The Korean Market

한국시장의
프랜차이즈
법칙

프랜차이즈
사업

한국 프랜차이즈 시장은 빠른 속도로 성장하여 외식업은 이미 포화상태의 레드오션으로 바뀌었다고 하지만, 아직도 외식 분야별로 외국 브랜드의 도입은 계속되고 있고, 판매업과 서비스업 프랜차이즈도 분야 역시 계속적으로 확장될 것이다.

빠른 속도의 경제성장이 한국경제의 큰 줄기였듯이, 프랜차이즈분야도 그 줄기를 따라온 면이 많다. 그런데 프랜차이즈 사업은 수년 사이 빠르고 급격하게 성장하였지만, 브랜드의 대다수는 장수하지 못하고 망해 버리는 사례가 많은 시장이다.

작년 한 해도 약 1,000개의 브랜드가 시장에 진입했고, 또 약 1,000개의 브랜드는 시장에서 사라졌다.

그것이 한국 프랜차이즈 시장의 현주소인 것이다.

2~3년의 짧은 기간에 사업을 성공시켜 돈을 벌기 위해 뛰어드는 본사가 아직도 많지만, 실제로 장수하는 우수 브랜드의 모델과 운영방식, 사업전략은 그것과는 많이 다른 것이다.

이번 프랜차이즈 사업편에서 소개되는 법칙을 통해 그와 같은 속도와 확장 위주의 사업방식이 얼마나 잘못된 사업방식이고, 또 장수 브랜드나 우수 브랜드가 되는 일과 얼마나 동떨어진 사업방식인지 확인할 수 있을 것이다.

이지컴
이지고의
법칙

제1부
프랜차이즈 사업

Chapter **1**

The Franchise Law
in the Korean Market

1

이지컴 이지고의 법칙

"쉽게 빨리 매장이 늘어난 프랜차이즈 브랜드는
역시 쉽게 빨리 브랜드가 꺾이고 매장은 사라진다."

한국은 세계사에서 유례를 찾기가 어렵다는 속도의 성장을 통해 선진국 문턱의 진입에 성공한 국가이다. 그런 탓에 속도는 우리 삶의 미학이 되었고, 대다수가 지향하는 방법론과 수단으로 자리매김한 지 오래다. 프랜차이즈 사업도 예외는 아니어서 1년 만에 몇 백 개 매장을 오픈시키는 브랜드들이 우후죽순으로 생겨났고, 지금도 그것을 목표로 뛰고 있는 프랜차이즈 본사가 아직도 많이 있다.

그렇다면 과거 1~2년 사이 빠른 속도로 매장을 수백 개씩 오픈시켰던 프랜차이즈 브랜드는 지금 어떠한가?

1997년경 불과 1~2년 사이에 매장 315개를 오픈시키며, 당시

1990년대 후반 프랜차이즈 브랜드

(단위 : 개)

브랜드명	1호점 오픈	가맹점수	
		1997년	1999년
육영탕수육	1996. 02	약 650	사업철수
하이트광장	1994. 03	약 600	사업철수
카스타운	1994. 06	약 340	사업철수
차우차우탕수육	1996. 12	약 250	사업철수

자료 : 유재은 프랜차이즈 전략연구소

매장이 340개였던, '배스킨라빈스' 아이스크림의 강력한 경쟁자로 떠올랐던 '쓰리프티' 아이스크림은 동네마다 아직도 매장이 살아 있는가?

1990년대 말 전국에 500~600개를 삽시간에 오픈시켰던 '하이트 광장'은 몇 개나 남아 있는가? 2000년대 들어 유행했던 닭갈비, 우동 브랜드들은 또 어떠한가?

모두 망해 사라져 버린 탓에 이제는 찾아보기 어렵게 되었다. 위의 표와 같이 그들이 정점을 찍은 후 사라지는 데는 불과 1~2년도 걸리지 않았다.

여기서 우리는 재미있는 현상을 찾아낼 수 있다. 그것은 프랜차이즈 브랜드가 1호점을 오픈해서 매장을 전개한 후 정점(보통, 전국 최대 매장 수)을 찍을 때까지 걸리는 기간과 정점을 찍고 브랜드 성장세가 꺾여 매장이 망해 없어져 버리는 시간이 거의 비례한다는 것이다.

특히 이것은 그 해당 본사의 첫 번째 프랜차이즈 사업의 브랜드일 경우 더욱 밀접한 관계로 나타난다.

물론 첫 번째 브랜드를 성공시킨 프랜차이즈 본사에는 운영노하우, 사업인프라, 전문화되고 숙련된 인재들을 통해 구축된 프랜차이즈시스템이 있기에 두 번째 브랜드의 사업전개속도는 더욱 빨라질 수 있다. 그 예로 '놀부'도 첫 번째 브랜드인 놀부보쌈보다 후속브랜드인 놀부부대찌개의 매장전개속도가 더 빨랐다.

국내 아이스크림 프랜차이즈

(단위 : 개)

브랜드	본사	설립년도	점포수			주요메뉴
			1997년	1999년	2016년	
배스킨라빈스	(주)비알코리아	85	340	357	1,250	아이스크림
하겐다즈	(주)하겐다즈	91	6	10	11	아이스크림
쓰리프티	(주)성환	94	315	사업철수	사업철수	아이스크림
드라이어스	(주)대호 DNM	95	90	사업철수	사업철수	아이스크림
직앤질	한길	95	50	사업철수	사업철수	아이스크림
TCBY	(주)한국 TCBY	92	47	사업철수	사업철수	프로즌요구르트
커니셔	(주)씨원	95	42	사업철수	사업철수	아이스크림
아이비요크	(주)한국아이비요크	94	40	사업철수	사업철수	프로즌요구르트
데어리 퀸	(주)드림&드림	93	13	사업철수	사업철수	아이스크림, 스낵
K&F	(주)코라이프	96	12	사업철수	사업철수	아이스크림
프랜들리	(주)한성	96	8	사업철수	사업철수	아이스크림
데리골드	(주)한국유업	94	5	사업철수	사업철수	아이스크림
띠리에	(주)띠리에코리아	96	2	사업철수	사업철수	아이스크림, 케익

자료 : 유재은 프랜차이즈 전략연구소

부실 프랜차이즈의 최대 가맹점수 및 본사 운영기간

브랜드명	1호점 오픈	최대 가맹점수	본사 유지기간
육영탕수육	1996년	650개	1년 3개월
와그너치킨	1997년	280개	1년
사이버리아(PC방)	2000년	750개	2년

자료 : 유재은 프랜차이즈 전략연구소

위의 표에 나와 있는 육영탕수육은 불과 1~2년 사이에 650개의 매장을 확대해 사업을 쉽게 구축하는 듯 보였으나 본사가 장악하기도 어렵고 컨트롤도 잘 안 되는 부실한 8도 가맹지사 시스템, 전문성 없는 오더맨을 통한 가맹영업 방식 등 부실한 사업방식으로 1~2년 사이 망해버린 사례이다.

이처럼 대부분 빨리 일어선 브랜드는 빨리 망해버리는 현상을 볼 때 프랜차이즈는 결코 속도 위주의 사업이 되어서는 안 되며, 매장개설만을 목적으로 해서도 안 된다. 즉 프랜차이즈는 충분한 시간을 들여 시스템을 구축하고 차근차근 전개하는 사업방식이 필요하다.

1~2년 내 빨리 큰 돈을 벌고 싶은 기업은 프랜차이즈 가맹사업보단 다른 사업에 뛰어들어야 한다.

이런 현상이 나타나는 이유는 너무나도 자명하다. 프랜차이즈 사업은 유통업에 있어 대표적인 지식산업이기에 프랜차이즈 시스템 구축이라는 말이 늘 붙어 다닌다.

각 분야별로 구축해 놓아야 할 지식이 방대하다고 할 수 있는데, 그래서 체계적이고 전문적인 프랜차이즈 시스템 구축 없이

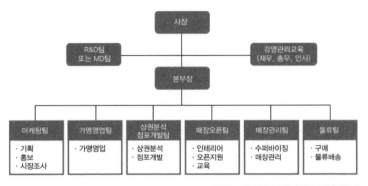

프랜차이즈 기본업무별 팀 구성표

자료 : 유재은 프랜차이즈 전략연구소

주먹구구식으로 매장확장에만 목표를 두고 시간에 쫓겨 속성으로 구축한 시스템은 속성으로 무너질 수밖에 없다.

프랜차이즈 업무구성만 보아도 기획팀, 마케팅팀, 가맹영업팀, 상권분석팀, 점포개발팀, 매장 인테리어팀, 매장 오픈팀, 매장관리(S/V)팀, 물류팀, R&D팀, 교육팀, 경영관리팀 등의 부서들이 기본적으로 필요하다. 프랜차이즈 시스템 준비기간에 이러한 부서들이 체계적이고 전문성을 가진 조직으로 구축되어야 한다.

각 분야마다 요구되는 전문성은 한두 달 배워서 쉽게 처리할 수 있는 수준의 것이 아니다. 분야별로 최소 수년간 습득하고 연마해야 그 기본을 갖출 수 있다.

또 이 업무들이 서로 유기적으로 관계를 맺고, 보다 체계적 시스템을 통해 제대로 빠르게 움직일 때 비로소 프랜차이즈 시스템이 구축되었다고 볼 수 있다. 따라서 이런 구조와 시스템을 오너의 단순한 사업적 욕심과 부하직원의 전문성이 결여된 충성심이 하나가 되어 프랜차이즈 사업을 과도하게 빠른 속도로만 진행하게 되면 결국 매장은 망가지고, 시스템은 무너져서 본사는 주저 앉고 마는 것이다.

반면 일본에는 장수브랜드가 많다. 우리나라 '투다리'가 벤치마킹한 일본의 '대길'은 이미 40~50년을 넘어서는 브랜드이다. 토라야, 쿠라노쇼, 교자노오쇼 등도 대부분 30~40년이 넘은 브랜드이다.

프랜차이즈의 백미는 장수브랜드이다. 장수브랜드가 됐다는 것은 그만큼 시스템이 잘 갖춰져 있다는 뜻이다. 그리고 30~40년 이상을 이 치열한 시장에서 생존하기 위해서 끊임없이 변화하고 발전했다는 것으로 볼 수 있다.

고객은 이기적이고 냉정해서 조금만 만족도가 떨어지거나 가성비가 떨어진다고 느끼면, 그 브랜드를 바로 외면하고 다른 브랜드를 선택해 버리는 일은 다반사이지 않는가.

우리나라의 파리바게뜨, 놀부보쌈도 이제 30년을 넘기고 있으니 장수브랜드라 불릴 만하다.

현재 매장 수가 3,500개가 넘은 파리바게뜨는 1986년에 1호점을 시작했지만, 육영탕수육처럼 매장수가 바로 늘어나지 않았다. 파리바게뜨는 시스템을 서서히 준비해 왔고, 경쟁력을 키워오다가 약 10년 뒤인 IMF 전후로 매장이 폭발적으로 증가했다.

그 당시 필자는 프랜차이즈 특강을 요청받고 2~3년간 계속 파리바게뜨의 신규점주 집체교육에 강사로 매달 강의를 하게 되었다. 모두가 망한다는 소리만 들려오던 IMF 때인데 매달 다음

달 오픈 예정인 신규점주들을 20~30명씩 만날 수 있었다. 그렇게 한 해에 200~300개씩 매장이 폭발적으로 증가한 파리바게뜨는 우수 브랜드가 되었다.

파리바게뜨는 결코 1~2년 사이에 만들어진 브랜드가 아니다. 비슷한 시기에 '맥필드베이커리'란 브랜드는 2년 사이 700여 개의 매장을 오픈했지만, 시스템이 취약해 몇 년 버티지 못하고 모두 망해버렸다.

프랜차이즈에서는 '누가 전국 브랜드를 만들어 더 오래 장수하느냐'가 사업의 관건이다. 전국 확산과 동시에 장수하는 브랜드, 그것이 모든 프랜차이즈 사업계획의 첫 번째 전제가 되어야 한다.

빨리 만든 브랜드는 빨리 망가지고 시간을 가지고 잘 준비해서 만든 브랜드는 매장수가 많아져도 체계적인 시스템으로 계속 운영해나갈 수 있다. 그러기 위해서는 급진적인 매장 전개를 피하고 체계적으로 차근차근 시스템을 구축해 나아가는 방식으로 사업진행을 해야 한다. 서두르지 말아야 한다. 단시간에 일확천금을 노리는 사업계획을 통해서는 결코 프랜차이즈에서는 우수한 장수브랜드가 만들어지지 않는다.

프랜차이즈 시스템을 구축한다는 것은 빌딩을 건축하는 것과 같다. 기초공사가 제대로 되어 있지 않다면 사상누각인지라 결국에는 오래 버티지 못하고 무너지고 만다.

공정거래위원회 등록 본사 및 브랜드 수 추이

(단위 : 개)

구분	10년	11년	12년	13년	14년	15년
가맹본부 수	2,042	2,405	2,678	2,973	3,482	3,910
브랜드 수	2,550	2,947	3,311	3,691	4,288	4,844
등록취소 브랜드	226	451	592	603	356	497

자료 : 공정거래위원회

기초를 제대로 다지지 않은 채 층수만 높게 쌓으면 괜찮아 보이는 빌딩이 될 것이라는 기대 역시 버려야 한다. 이것을 간과하면 결국 멀지 않은 미래에 자신들이 쌓아 올렸던 것들이 무너지는 모습을 보게 될 수 있다.

앞만 보고 더 높이, 더 빠르게만 외치면서 쌓는 데만 집중한다면, 그만큼 빠르게 무너질 뿐이다.

그래서 쉽게 얻은 것은 쉽게 가버리는 이지컴 이지고easy come, easy go의 법칙이 프랜차이즈에도 적용되는 것이다.

프랜차이즈 법칙 1. 이지컴 이지고의 법칙

사업 초기 프랜차이즈 시스템을 체계적으로 구축하지 않고 가맹점 수만을 늘리는 데 급급했던 기업들은 수년 사이 수백 개 매장으로 급성장할 수도 있지만 모두 몇 년 버티지 못하고 사라지게 되는 법칙을 말한다.

대기업
필패의
법칙

The Franchise Law
in the Korean Market

———

2

대기업 필패의 법칙

"프랜차이즈 사업에서는 대기업 스타일의 사업방식을
중소기업 방식으로 전환하지 않으면 결국 실패한다."

우리나라 대다수의 유수한 대기업들은 최근 5년간 계열사 수
만 해도 40% 이상 급증하며 그 영향력이 날로 커지고 있다.

출자총액제한제도가 폐지된 후, 프랜차이즈 진출에 있어서도
대기업들의 그 속도는 점차 더 빨라지고 있다. 모든 면에서 막강
해 보이는 대기업은 소위 사업의 3요소라는 자금, 인재, 아이템
모두를 갖추고 있다.

그런 대기업의 계열사이건, 자회사이건 어떤 형태로건 한국
프랜차이즈 시장에 대부분 진출해놓고 있지만, 아직도 이렇다 할
결정적인 성공사례는 매우 드문 수준이다.

두산도 일찍이 일본의 요시노야부터, 라운드테이블 피자, 백화

주막, KFC, 버거킹 등을 진출시켰다. 하지만, 요시노야, 라운드테이블 피자, 백화주막은 이미 오래 전에 사업에서 철수했을 뿐 아니라, 버거킹을 운영해온 두산은 비슷한 기간에 롯데리아가 1,300여 개의 매장, 맥도날드가 400개의 매장으로 확산이 진행 중인 것을 볼 때 상대적 약세로 평가받다가, 얼마 전 외식 프랜차이즈 사업에서 완전히 철수했다. KFC 또한 사업이 지지부진하다가 결국 사모펀드에 매각됐다.

삼양사가 믹스앤베이크를 카페 & 베이커리 시장의 선두 브랜드로 10년 전에 일찍이 론칭했지만 매장들은 정체상태에 있다. 한화그룹도 빈스앤베리즈라는 카페형 브랜드를 63빌딩에 오픈한 지 수년이 지났지만, 주로 자사 빌딩 위주로 입점해 있고 매장 수도 30개 정도에(2016년 기준) 그치고 있어 사업의 진도가 눈에 띄게 나아가지는 못하고 있다.

현대종합상사가 외식프랜차이즈사업으로 시작한 수제 맥주펍 브랜드인 미요젠, 고급 회전스시 전문점인 미요센 등을 오픈시키고 3년 만에 사업매각을 했다. 필자도 그 매각 컨설팅에 참여했었는데 결국 모 대기업 관련사로 매각되었다.

그래도 현재 사업적 진도가 나가고 있는 기업은 CJ그룹과 롯데그룹, 이랜드그룹 정도로 보아야 할 것 같다.

국내 30대 그룹 중에서 프랜차이즈사업에 뛰어들지 않은 그룹은 거의 없다. 어느 계열사라도 이미 뛰어들었거나 론칭 준비 중이거나 신규사업 TFT가 구성되어 있다. 그것도 아닌 기업은 이미 진출했다가 실패하고 철수한 기업들이 대부분이다. 다만, 좋은 사례가 아니기에 언론이나 홍보활동 없이 조용히 마무리하여 일반인에게 잘 알려져 있지 않을 뿐이다.

대기업 주요 프랜차이즈 진출 현황

(2016년 기준)

기업명	NO	브랜드	매장수	비고
현대종합상사	1	미요센	–	사업철수
	2	미요젠	–	사업철수
	3	대형 레스토랑	–	사업철수
두산	4	요시노야	–	사업철수
	5	라운드 테이블	–	사업철수
	6	백화주막	–	사업철수
	7	KFC	213	매각
	8	버거킹	235	매각
매일유업	9	달	–	사업철수
	10	부첼라	–	사업철수
	11	만텐보시	–	사업철수
	12	골든버거리퍼블릭	–	사업철수
	13	정	–	사업철수
	14	야마야	–	사업철수
	15	안즈	–	사업철수
	16	MCC고베식당	–	
	17	폴바셋	77	
	18	크리스탈제이드	10	
	19	더키친살바토레쿠오모	3	
GS리테일	20	GS25	10,115	
	21	GS수퍼마켓	287	
	22	왓슨스	126	
	23	미스터도넛	21	매각

농협목우촌	24	또래오래	718	
	25	웰빙마을A	52	
	26	웰빙마을B	16	
	27	미소와돈	25	
	28	참피자	76	
	29	헌터스문	3	
삼양사	30	믹스앤베이크	2	
	31	세븐스프링스	12	
한화	32	빈스앤베리즈	31	
남양유업	33	일치프리아니	4	
LF푸드	34	하꼬야라멘	44	
	35	마키노차야	2	
	36	엘블루	2	
LG아워홈	37	사보텐	66	
	38	버거헌터	-	
	39	밥이답이다	-	
대상그룹	40	로즈버드	-	사업철수
농심	41	코코이찌방야	23	
사조그룹	42	굿앤닭	48	
코오롱	43	더블유스토어	180	
	44	스위트카페	-	
크라운제과	45	크라운 베이커리	-	사업철수

자료 : 유재은 프랜차이즈 전략연구소

잘 알려지지 않았지만, 삼성그룹 역시 신라호텔을 통해서 비즈
니스호텔 프랜차이즈 "지오랏지"를 90년 후반에 시도한 적이 있다.

당시 2002년 월드컵을 대비해서 리뉴얼을 원했던, 대부분의
낙후된 관광호텔 사장 60여 명을 상대로 신라호텔 영빈관에서 비

즈니스호텔 프랜차이즈 사업설명회를 성황리에 마쳤다. 이 중 45개 회사가 신청의사를 보였다.

그 이듬해 본격적으로 사업을 전개하려고 했으나 연초에 열리는 삼성그룹사장단회의에서 프랜차이즈 사업이 자칫 그룹이미지에 부정적 요소로 작용할 우려가 있다고 판단되어 이건희 회장이 프랜차이즈 사업을 허락하지 않은 것으로 알려져 있다.

결국 3년이나 준비한 사업팀은 그 호텔프랜차이즈 사업에서 철수했다.

남양유업도 이태리 레스토랑 '일치프리아니'를 오래 전에 강남에 오픈시켜 외식프랜차이즈 진출을 시도했지만 현재까지도 크게 확장되지는 못하고 있다.

현대백화점도 2000년 초반에 이미 강남 뱅뱅사거리 푸르덴셜빌딩 지하에 모던한 형태의 퓨전레스토랑을 오픈했다가 철수한 적이 있다. 보통 한 번 시도했다 실패하게 되면 그 분야를 계속해서 노크하지는 않는 경우가 더 많은 것 같다.

SK그룹, 대상그룹 등 많은 대기업이 프랜차이즈를 시도했고 지금도 시도하고 있지만 성적표는 갑갑한 수준을 넘어 답답한 수준이다.

그 이유는 무엇일까? 막강한 자금력은 기본이고 우수한 인력이 잔뜩 포진해 있는데, 왜 대다수의 대기업이 맥을 못추고 있는 걸까? 거기에다 필자 같은 경우 프랜차이즈 사업의 대기업 필패론까지 거론하는 것은 무엇 때문일까.

그것은 다음 두 가지 요소 때문이다.

첫째는 대기업 업무구조이다. 기존의 대기업 업무스타일로는 프랜차이즈에서 성공할 수 없기 때문이다.

대기업의 업무구조는 크게 서류 위주로, 보고서 중심의 업무구조와 여러 단계를 밟아야만 결재를 맡을 수 있는 긴 결재라인 구조이다. 하지만 프랜차이즈의 조직체계는 '스피드가 생명'이다.

보고서 준비를 할 때 대기업 눈높이 수준으로 만들어 그룹회장까지 올릴 보고서를 만들다 보면 날을 새기 일쑤이다. 매장에 문제가 생겼을 때 보고서를 쓸 시간이면 직접 가서 해결할 수 있을 텐데, 왜 문제가 생겼는지를 회장님 눈높이에 맞춰 실무자, 팀장, 본부장이 모여 준비하다보니 시간을 놓쳐 많은 것을 잃는다. 신규사업인 경우는 사업규모가 작아도 대기업 회장님들이 직접 보고받고 싶어하는 경우가 많다.

보고서 준비 시 최상의 케이스는 결재권자인 회장이나 사장이 그 프랜차이즈 분야 전문가이고 보고자인 본부장, 팀장도 그 분야 전문가일 때 보고는 간단하게 핵심만 전달하면 된다.

우리나라 프랜차이즈 성공을 대표하는 이랜드그룹이나 SPC그룹이 여기에 해당한다. 이랜드그룹의 박성수 회장은 서울대 건축학과를 나왔지만 1980년 이대앞 이랜드 1호점 때부터 매장에서 잔뼈가 굵은 실무전문가 출신이다. 패션분야의 가장 탁월한 MD(머천다이저)이다. 이랜드그룹의 프랜차이즈 성공은 그룹오너의 전문성과 탁월성에 있다.

SPC그룹도 그룹오너의 베이커리에 대한 전문성이 일반인의 수준을 초월하기에 지금의 대한민국 대표 브랜드 중 하나인 파리바게뜨가 국내를 평정하고 세계진출을 본격화 할 수 있는 것이다.

최악의 케이스는 결재권자가 그 분야를 잘 모르는 비전문가일 때, 즉 직급은 회장, 사장, 임원이지만 프랜차이즈 분야는 초보일 때의 경우이다.

이런 경우는 초보자를 이해시키기 위한 준비를 하느라 많은 시간을 허비하게 된다. 이 때문에 대기업들이 프랜차이즈 초보인 회장님을 이해시키랴 매장고객 만족시키랴 정말 바쁜 신규사업을 하는 것이다.

그런데 석유화학이나 엔지니어링, 조선, 반도체 같은 사업분야와 달리, 프랜차이즈 업계는 외식업, 판매업, 서비스업 세 분야로 나뉘는데 이 모두가 최종소비자를 대상으로 하고 있다. 이 때문에 '나도 좀 알고 있다'는 착각을 가지고 임한다는 게 사업의 발전을 가로막는 더 큰 문제인 것이다.

오히려 외식과 같이 친근해서 쉬워 보이는 사업의 핵심 찾기가 더 어렵다는 평범한 진리를 쉽게 잊곤 한다. 유수의 대기업의 능력있다던 많은 퇴직자들이 퇴직 후 외식사업이라는 식당을 오픈시켜서 성공한 사람이 열에 하나가 될지 싶다. 그 쉬운(?) 외식사업을 우수한 학력과 유명 대기업 경력 10~20년의 높은 비즈니스 커리어를 가지고 왜 다들 망해버린 걸까? 결코 쉽지 않은 사업이 외식이고 프랜차이즈인 것은 분명하다.

둘째는 전문성 부족이다. 그룹오너는 그렇다 쳐도, 그룹의 임원들에게 전문성이 없기 때문이다. 그들 대부분은 이번 그룹 신규프로젝트를 통해 이 기회에 21세기에 들어서 그 유망하다는 프랜차이즈를 배우고 싶어 한다.

배움의 단계에 있는 아마추어는 결코 시장에서 성공할 수 없다. 프랜차이즈 시스템과 해당 분야 프랜차이즈 시장의 통찰력을 갖춘 프로가 되어야만 사업 성공을 이루어 낼 수 있는 것이다. 이것은 비즈니스의 상식이다. 프랜차이즈 업계만 예외이길 바래선 안 된다.

대기업의 성공사례도 있다. 대표적인 것이 한국 스타벅스이다. 미국 스타벅스와 신세계가 50대 50의 구조로 사업을 시작했다.

한국 스타벅스의 성공은 미국 브랜드이고, 세계적인 브랜드이니 성공을 당연시 하는 사람도 있지만 결코 국내 프랜차이즈 사업에서 쉽게 성공하는 경우는 거의 없다.

왜 세계 최대 패스트푸드 기업 서브웨이가 국내에서는 지난 20년간 계속 부진해 왔는가. 과거 소공동뚝배기로 유명한 한 외식업체의 관계사에서 브랜드를 들여와 운영해 왔지만 사업적 성공을 거두지 못했다. 그러나 2009년부터 미국 본사가 다시 본격적으로 진출한 후에는 매장이 성공적으로 210개 이상(2016년 기준) 확산되고 있다. 해외에서 이미 검증된 브랜드도 누가 하느냐에 따라 한국시장에서의 결과가 다른 것이다.

개인이야 청담동에 하나 내서 잘 되면, 가로수길에 하나 오픈하고, 압구정동에 하나 오픈하고 강북에 종로 같은 데 하나 내서 4~5개 직영매장만 제대로 갖고 있어도, 웬만한 대기업 임원보다 훨씬 나은 수익으로 만족해 할 수 있을지도 모른다.

그러나 기업은 다르다. 브랜드를 전국화해야 하고 그러려면 대중화해야 한다. 서브웨이는 이 숙제를 메뉴전략에서 어느 정도 풀어야 했고, 그 다음으로 상권전략을 수정해야 했다.

이런 패턴의 패스트푸드는 대형상권에서 점진적으로 확장해서 중형상권을 공략해야 한다. 여기서 '이런 패턴'이란 자국에서는 매일 먹게 되는 대중식이지만 진출국가에서는 아직 대중식 수준이 못 되서 매일 먹지 못하는, 즉 구매주기가 긴 편에 속하는 아이템인 경우를 말한다.

미국에서 널리 알려진 샌드위치 브랜드인 '오봉뺑'은, 뉴욕의 엠파이어스테이트 빌딩에도 입점해 있어 줄을 서서 먹어야 했던 유명한 브랜드이지만, 미국식 상권접근으로 한국시장에 풀어서는 답이 나오지 않는다. 이 브랜드는 이미 국내에 들어온 지 10년을 넘기고 있음에도 독자 가운데 알고 계신 분이 얼마나 될지 싶다.

또 TGI, 칠리스, 웬디스, 요시노야 등과 같은 해외 유명 브랜드들도 국내에서는 힘을 못쓰는 사례를 볼 때, 초창기 진출 당시로서는 점심식사값과 비슷한 가격 수준의 카페라떼나 카푸치노 같은 중고가의 비싼 커피시장을 개척한 한국 스타벅스의 성공은 높이 평가할 만하다.

그러한 성공의 중심에는 정진구 사장이라는 분이 있다. 지금은 건강도 여의치 않으시고 연세도 많아지셔서 현직에서 물러나 있다고 한다. 그분이 지금의 스타벅스를 초창기에 맡아 이대 1호점을 시작으로 전국에 지금의 커피공화국 소리를 듣는 한국의 커피시장을 열기 시작한 장본인으로 필자는 보고 있다.

그 후 그가 열어 놓은 시장을 통해 커피빈, 엔제리너스, 폴바셋 등의 브랜드가 열심히 사업영역을 넓혀 가고 있다.

정진구 사장은 부임 후 첫 번째 마케팅전략으로 신세계그룹이 미리 설정해 놓은 거품 있는 높은 커피가격을 낮추는 데서부터 시작했다.

사실 두산그룹의 실패작인 요시노야도 한국시장에서 거품가득한 높은 가격전략을 구사했다가 실패한 케이스이다. 일본에서는 250~400엔(2,500~4,000원)이면 먹는 대중음식인 요시노야를 당시에 한국식 대중식사 가격으로 적절한 가격전략을 구사할 수 있는 핵심마케팅 인력이 한 명만 있었어도 대만, 싱가폴, 말레이시아, 미국 등에서 성공을 거둔 이 브랜드는 우리 국민들에게 맛있고, 빠르고, 저렴한 음식을 이용하는 혜택을 누리게 할 수 있었을 텐데 하는 아쉬움이 있다.

한국 스타벅스를 이끈 정진구 사장은 외식에 있어서 소비자는 명품이나 의류와 달리 브랜드가 유명하다고 높은 가격의 거품을 수용하지 않고 실속 중심으로 움직인다는 것을 알았던 것이다.

또한 한국 스타벅스는 매장규모도 미국이나 일본과는 달리 대형매장으로 승부하기 시작했다. 지금은 그 임무를 다하고 다른 브랜드인 파스쿠치에 넘겨졌지만, 4개 층짜리 한 건물을 다 썼던 스타벅스 명동점이 그 대형매장의 시작이다. 왜냐하면 2000년 론칭 당시 우리나라는 대형매장을 선호하는 트렌드가 절대적이었기 때문에 이는 주효한 전략이었다.

그는 철저히 현장 중심의 업무를 진행한다. 특히 그의 사무실은 매우 오픈되어 있었다. 필자가 방문했을 때 그가 CEO니까 사무실을 따로 사용하는 것이 당연한데도, 그의 사무실은 일부러 문이 없이 만들어져 한쪽 면이 아예 벽이 없는 형태로 쓰고 있었다. 파티션 수준이었다. 회사에서 경비를 아낄 요량으로 사무실을 안 만든 것은 아닌 것 같았다. CEO임에도 조직의 빠른 커뮤니케이션을 위한 그의 배려인 것이다.

결재권자가 밀폐된 방을 쓰는 경우와 오픈된 방(공간)을 쓰는 경우의 커뮤니케이션과 소통의 속도는 2배 이상 차이가 난다. 아니, 파급효과는 훨씬 커서 2배 이상이 된다.

프랜차이즈의 전문가 중의 전문가인데도 자기 방을 쓰는 편안함을 접고, 실무를 보며 사업을 진두지휘하는 모습에서 그가 왜 배스킨라빈스, 스타벅스 등을 성공시켜 왔는지 알 수 있었다.

프랜차이즈는 철저하게 중소기업 스타일이어야 성공할 수 있다. 중소기업 스타일이란, 빠른 일처리 방식으로 요약된다. 일 진행속도, 간단한 보고체계, 서류중심이 아닌 현장중심이어야 한다.

결재라인은 신규사업은 최대 3단계(담당-검토-결재), 이미 자리 잡은 사업부도 최대 4단계(담당-팀장-본부장-사장)로 조직을 만들지 않으면 소비자의 니즈(Needs)를 반영한 브랜드 생존의 길, 장수브랜드의 길을 걷기 어렵다. 지금은 버티는 것 같아도 그 업계의 파도가 높아지면 생존이 불투명해진다.

의류프랜차이즈로 사업을 시작한 이랜드그룹의 박성수 회장의 수준이 아니라면 그룹의 회장님들은 프랜차이즈 신규사업에서 빠져 있어야 한다. 프랜차이즈 사업에 초보인 그 바쁘고 높으신 회장님을 이해시키고 가르치면서까지 프랜차이즈를 성공시키기에는 한국 시장은 이미 너무 치열하고, 고객의 니즈는 너무 높고 까다로운 국제적인 테스트 마케팅 수준의 시장이 되었기 때문이다.

그리고 사실 프랜차이즈 사업은 실패해서 손해보더라도 사업 초창기에는 수십억 원 수준의 사업규모 밖에 안 되서, 사업 리스크라는게 대기업기준으로는 상대적으로 얼마 안 되는 작은 규모이다. 설령 사업에 망한다 해도 그룹운영이나 모기업에 치명적 요소는 별로 없는 사업이다.

신뢰성이나 전문성에서 그룹 내에 믿을 만한 사람이 있다면 그 한 명을 사업본부장이나 사업팀장으로 임명하고 1년 뒤에나 결과를 보고하라고 맡기면, 그 믿을 만한 인력이 충분한 성공의 결과를 가져다줄 것이다.

회장이 의견을 내고 싶으면 그 사업부에 와서 상주해야 한다. 그 방대한 그룹 업무 전체를 보면서, 자기네 그룹도 처음 해보는 프랜차이즈 사업분야를 잠시 보고받고 의견내는 방식은 매우 위험한 일이다.

오픈식 때 건넨 회장의 의견 한마디가 프랜차이즈 브랜드전략의 발목을 잡는 경우가 비일비재하다. 동석했던 회장님의 사모님도 외식분야라서 한 마디 하게하면, 신규 사업팀 입장에서는 무시할 수 없는 분들이라 늘 염두에 두게 된다.

결국 차떼고 포떼고 나면 쓸 수 있는 좋은 전략은 거의 없어진다. 한국시장이 베트남시장 같은 수준이라면 폭발적 수요가 있는 업종은 아무 전략이라도 무조건 먹힐 수 있다. 그러나 한국은 이제 선진국보다 더 까다로운 소비행태를 보이는 시장이 되어 있다.

국내시장에서는 저가 브랜드에 해당하는 아모레퍼시픽의 에뛰드하우스를 고급 브랜드로 론칭했는데도 고객들이 장사진을 치는 것을 볼 수 있던 태국 같은 시장이 더 이상 아닌 것이다.

대기업의 프랜차이즈전략은 모자이크전략[+]이 많다. 회장님 의중과 사장님 지시와 힘있는 임원의 의견, 거기에다가 고객의 니즈를 다 맞추기 위해 고민하다 보면, 그래서 그 의견을 모두 수용하면 그것은 모자이크 형태의 전략이 된다. 요즘 고객이 제일 싫어하는 게 모자이크전략, 두리뭉실 전략이다. 이도저도 아닌 전략인 것이다.

모두를 배려하고 모두를 위하는 전략이 한국 프랜차이즈 시장에서 성공한 사례는 아직 없다.

그룹 내 경영진들은 자기의견이 일부 반영되어 있어 그런대로 뿌듯함과 만족감을 가지지만, 정작 매장의 고객은 이도저도 아닌 식상한 매장을 마주하게 되어 외면받는 매장으로 전락해 가는 사례가 비일비재하다.

대기업 사업방식에서 벗어나야 한다. 그래야 프랜차이즈 사업은 성공할 수 있다. 사업을 시작한 기업이 대기업이라도 사업방식은 탈 대기업 방식으로 가야 한다. 중소기업과 똑같아질 수는 없다 해도, 철저한 중소기업 방식으로 모든 업무의 결재와 속도를 압축해야 한다.

[+] 유재은 프랜차이즈 전략연구소.

프랜차이즈 사업팀장이나 사업본부장에게 사업투자나 매장매각 같은 중차대한 결정을 제외한 대부분의 사업 전결권을 주어야 한다.

　'우리 그룹은 정서나 조직분위기와 여건상 그것이 어렵다'고 강변할 것이다. 그렇다면 그 기업은 프랜차이즈 사업에 진출하지 않는 게 낫다. 왜냐하면, 부진해지고, 답보상태였다가 결국 망할 것이기 때문이다.

　프랜차이즈 사업의 턱을 넘지 못하고, 프랜차이즈 사업 성공의 핵심을 향해 매진하고 극복할 수 없는 그룹 분위기라면 어차피 그 그룹의 프랜차이즈 사업은 사업부진의 연속과 사업 철수의 그림자에서 벗어나지 못할 것이다.

　그래서 한국에서는 아직도 대기업 필패의 법칙이 계속되고 있는 것이다.

프랜차이즈 법칙 2. 대기업 필패의 법칙

　보고서 위주의 긴 결재라인을 가진 대기업 방식은 현장 중심의 빠른 의사결정조직인 중소기업 운영방식으로 전환하지 않으면 프랜차이즈 사업에서 실패하게 되는 법칙을 말한다.

오더맨의
법칙

The Franchise Law
in the Korean Market

3
오더맨의 법칙

> "가맹영업시스템에서 오더맨을 쓸 경우,
> 프랜차이즈 전문성, 도덕성 부족으로
> 프랜차이즈 시스템이 부실해지고 결국 무너진다."

로티보이는 싱가폴에 본사를 둔 프랜차이즈로 국내에 오래전에 도입됐는데, 번^{Bun}이라는 모카빵을 주메뉴로 하는 Cafe이다. 메뉴가 단일메뉴 수준이라, 소형상권에서는 버티기 어렵고 중형상권, 대형상권에 입점해야 하는 아이템인데, 오더맨을 써서 마구잡이로 오픈시키는 가맹영업대행 컨설팅사에 맡기고 나서부터 중형상권, 소형상권 가리지 않고 입점시키고 말았다.

매장이 한 달에도 10~20개씩 오픈하면서, 매장 개설수익이 매월 수억 원씩 들어오니 당시 본사는 성공가도를 달리고 있다고 착각하고 있었을 것이다.

필자가 연세대에서 강의를 할 기회가 있어 갔다가 당시 본사

사장을 만났을 때, 그 위험성을 언급해 주었음에도 별로 개의치 않는 반응이어서 당황했던 기억이 있다. 결국 2016년 9월에 공정위에서 로티보이의 가맹사업권을 취소했다는 정식발표가 있었다. 번^{Bun}의 맛이 우수하고 커피시장이 계속 확장추세라서 전국적으로 확장하고 장수브랜드로도 갈 수 있는 우수한 아이템 중에 하나였는데 매우 아쉬운 사례이다.

이와 같이 최근에 가맹영업과 점포개발대행 컨설팅이라는 이름으로, 오더맨들을 모아서 사업대행이나 컨설팅 방식으로 진행하는 사례가 생겨나고 있다.

오더맨은 기본급이 거의 없고 많아야 월 50~100만 원 이하 수준이거나 차량유지비 정도만을 받고, 가맹계약이 체결되었을 경우에만 건당 적게는 일백만 원에서 많게는 수천만 원 수준의 인센티브를 받는다. C커피프랜차이즈의 경우 오더맨을 통해 계약이 성사되면 건당 3,000만 원을 지급해온 것은 이미 업계에 널리 알려진 사실이다.

본사 입장에서는 고정비는 별로 들이지 않고 많은 수의 영업사원과 영업조직을 확보·운영할 수 있어, 효율적으로 보이는 이 시스템은 프랜차이즈 사업을 성공적으로 이끌어 주지 못한다. 그 이유를 분석해 보면 다음과 같다.

첫째, 전문성의 문제이다.

이 오더맨 시스템에서는 대부분 가맹영업사원이 상권분석과 점포개발까지 담당한다. 외부에 아웃소싱 준다고 해봐야 고작 부동산 업자들의 매물 소개 수준이다. 상권분석과 점포개발은 프랜차이즈 사업에 있어 핵심적 요소이다. 핵심적 업무를 전문성이 없는 오더맨과 같은 임시직에게 맡길 경우에 상권분석 업무의 전문성과 정확성은 찾아볼 수 없게 된다.

둘째, 도덕성의 문제이다.

상권분석 및 점포 개발담당은 조사된 상권이 미흡하거나 개발된 점포의 입지가 취약하면 가맹희망자에게 사실 그대로 정직하게 말할 수 있는 기본적인 도덕성을 갖추어야 한다. 그러나 기본

급이 없어 생활보장이 전혀 되지 않는 오더맨들에게 정직한 영업
을 기대하기란 현실적으로 쉽지 않은 일이다.

그들도 그 점포의 입지가 적당하지 않는 것을 알고 있으면서도
고정월급은 없고 수당으로 살아가는 구조이므로 별 수 없이 무조
건 가맹계약을 체결시키는 경우를 가맹영업 현장에서는 흔히 볼
수 있는 일이다.

셋째, 본사의 운영 방법의 문제이다.

오더맨 중에서 영업 실적이 취약하거나 계약체결이 나오지 않
으면 즉시 교체해 버리는 단순 운영방식은, 체계적인 직원의 교
육훈련을 통해 전문성을 갖추어 나가기가 거의 불가능하고, 도덕
성을 발휘하여 정직한 가맹영업을 유지하기도 어렵다. 결국 부실
하고 비전문적인 가맹영업사원을 통해 상권과 입지가 취약한 매
장이 계속 오픈되는 것이다.

이러한 요인들로 인하여 오더맨 시스템은 일시적으로 영업 인
력 비용을 효율적으로 절감하는 것으로 보일 수 있으나 프랜차이
즈 사업의 핵심인 상권분석과 점포개발이 반복되는 비전문성과
비도덕성으로 말미암아 부실매장의 양산으로 이어져 일시적 매
장수는 확대될지라도 매장의 수명이 단명하고 프랜차이즈 시스
템의 조기 붕괴를 가져오는 주된 요인이 된다.

현재 우리나라 프랜차이즈 업계에서 사업 초기인 1~3년차 사
이인 프랜차이즈 시스템 준비기에, 매장수를 급격히 빠른 속도로
확장해서 6개월에 50~100개 또는 1년에 200~300개씩 늘릴 수
있었던 것은 오더맨들을 가맹영업사원으로 고용하는 형태인 8도

가맹지사 시스템에 기인한다.

본래 프랜차이즈는 미국에서 시작되었는데 미국은 1개주(state)가 우리나라 남한 전체보다도 넓은 주가 한 둘이 아닐 만큼 넓은 대륙의 국가이다. 그러다보니 미국은 각 주별로 일정지역을 묶어서 지역본사(Area Franchisor)들을 통해 프랜차이즈 시스템 구축을 해온 방식이 계속 발전되어 왔고, 미국 전역으로 전국화 되지는 못한 채 한 지역만 프랜차이즈 시스템을 구축하게 되는 경우도 많다.

이러한 지역본사(Area Franchisor)의 개념이 우리나라에 흘러들어오면서 한국식 이름인 가맹지사(Area Franchisor)라는 이름으로 확산되게 되었다. 가맹지사는 가맹지사 가입비로 적게는 3,000만 원에서 많게는 1억 원 이상의 가맹비를 본사에 납부한다.

전국적인 사업 전개를 위해 프랜차이즈 시스템 구축을 위한 기초공사를 할 시기인 시스템 준비기에 유통노하우 구축작업과 프랜차이즈 시스템 구축작업을 소홀히 놓아둔 채, 곧바로 매장 수만을 늘리기 위해 전국 8도에 가맹지사를 개설하면서 바로 가맹영업을 시작하는 것이다.

조선일보와 중앙일보 같은 유력 일간지들은 모두 전국지이므로 5단통광고나 전면광고 등으로 광고가 나가면 전국 8도에서 가맹사업에 대한 문의전화가 온다. 이때 경상남도 지역에 사는 사람은 서울 본사까지 가지 않고 부산가맹지사에, 전라도 지역에 사는 사람도 역시 그 지역에서 가까운 광주가맹지사에 곧바로 문의를 하게 된다. 최근에는 1588 대표전화로 일괄적으로 접수한 뒤 각 지역의 가맹지사로 연결하는 방식을 취한다.

전국 8도에 불과 몇 달 사이 급속히 개설된 가맹지사들이 전국에서 동시다발로 가맹영업을 진행하기 시작하면, 1개 가맹지사에서 3~4건씩 계약을 성사시켜도 한 번 신문광고로 8개 지사를 통해 30~40개의 매장이 생겨난다. 이런 8도 가맹지사 시스템을 도입한 회사들의 광고주기는 과거에는 최소 주당 1회 이상, 심한 경우 3~4개의 유력일간지에 같은 날 동시에 광고를 내기도 했으나, 최근에는 많이 줄어들었다.

프랜차이즈 시스템 준비기에 매장 수 확장에만 나설 경우, 유통의 노하우 개발과 구축이 어려워 브랜드가 장수할 수 없다. 8도의 급조되는 가맹지사 시스템 방식으로 매장수만 늘리는 사업방식에는 다음과 같은 문제점을 안고 있다.

프랜차이즈 브랜드 성장 곡선

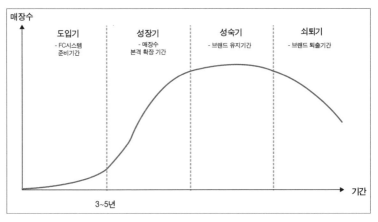

자료 : 유재은 프랜차이즈 전략연구소

첫째, 가맹지사의 인력의 전문성이다.

프랜차이즈는 우리나라의 경우 정부로부터 특별한 허가를 받지 않아도 사업개시가 가능한 편리함이 있는 대신 프랜차이즈 전개에는 필수적인 노하우가 있어야 하는데, 그 대표적인 것 중의 하나가 상권분석과 점포개발이다.

상권 분석능력과 점포개발 업무는 서적 10권을 구입해서 일주일간 다 독파한다고 마스터할 수 있는 업무가 아니다. 기본적인 경험의 축적에서 시작되는 업무인데 3,000만 원이나 1억 원의 가맹비를 주었다고 8도의 지사장들이 그 능력을 전수받아 갖추는 것은 불가능하다.

결국 비전문가가 전문가로서 갖추어야 하는 업무를 제대로 모른 체 자기보다 더 모르는 가맹희망자들을 상대로 가맹영업을 하며 눈속임을 하게 된다.

둘째, 가맹지사의 생존성이다.

유통상품의 노하우를 구축해 나갈 시기인 프랜차이즈 도입기에 본사가 매장확산에만 주력하므로 유통상품의 노하우를 구축하지 못한 브랜드로 전락해 버리면, 매장수가 몇 백 개가 되어도 본사를 유지시켜주는 고정수익인 유통수익이 제대로 들어올 리가 없다. 더욱이 현재 우리나라에서는 로열티와 같은 지식재산권의 개념이 다소 약해, 로열티 납부에 대한 가맹점주들의 거부감이 아직은 높은 편이라, 무조건적인 로열티를 거두기는 어렵고 가맹점주들이 구매하고 이용할 수밖에 없는 높은 수준의 퀄리티를 갖춘 유통 노하우가 있어야 본사 유통이 유지되고 유통수익이 확보된다.

고정 수입원이 약한 수백 개의 매장에 매달 수억 원씩을 쏟아부으며 매장관리를 해나갈 수 있는 본사는 존재하지 않는다. 마찬가지로 본사가 그렇다면 가맹지사의 고정 수입원도 기대하기 어렵다. 결국 신규 매장개설을 통한 개설수익(가맹비, 초도상품 수익, 시설 수익, 인테리어 수익)을 주력으로 삼게 된다. 유통 노하우가 약해서 유통수익이 미미한 프랜차이즈 시스템에서는 오직 개설수익을 낼 수 있는 신규매장 확산에만 주력하게 된다.

셋째, 가맹지사의 도덕성이다.

대다수의 가맹지사들은 오더맨Order Man을 고용하는 경우가 많다. 이 오더맨들은 전문성과는 거리가 멀다. 앞에서도 언급했지만 이 오더맨 방식은 본사 입장에서 비용만 고려하면 경제적이고 효율적이라고 생각할 수 있으나, 점포개발 등 특히 상권분석과 같은 전문성을 요하는 업무를 본사가 비전문가에게 맡긴다는 자체가 무지의 소산이거나 도덕성의 해이라고 밖에 볼 수 없을 것이다.

반면 국내 프랜차이즈의 대표적 성공사례기업인 이랜드의 경우 1980년 창업해서 대기업이 되고난 뒤인 2000년대에 들어서도 상권분석 업무를 실행하는 부서가 시장조사팀이란 이름으로 회장직속의 조직으로 남아 있었던 사실은 시사하는 바가 크다.

프랜차이즈에 있어 상권분석이 얼마나 중요하면 대기업이 된 후에도 계속 회장이 직속팀으로 상당기간 관장했겠는가.

오더맨과 가맹지사 시스템을 도입하면 즉시 전국적인 매장개설의 증가로 인한 개설 수익확대가 가능하지만, 결국 견고한 프랜차이즈 시스템 구축에는 실패한다는 것을 알기에, 회사가 자금에 쫓기거나 경제적 압박을 받을 때 프랜차이즈 본사의 오너들은 이 시스템 도입의 유혹을 받거나 갈등하기도 한다.

그나마 프랜차이즈 시스템수준이 낮아도 운영 가능한 소형 프랜차이즈에서는 가맹지사 시스템으로 버텨볼 수가 있다. 투다리도 가맹지사 시스템이고 농협 목우촌의 또래오래 치킨프랜차이즈 등도 가맹지사 시스템이지만 견고하지 못한 부분이 많다. BBQ도 가맹지사로 시작했다가, 후에 본사 직영체제로 전환했고, 놀부도 영남지역을 가맹으로 주었다가 브랜드 운영의 어려움을 겪고 다시 본사 직영체제로 복귀한 지 오래이다.

그러나, 특히 중형 프랜차이즈에 이 가맹지사 시스템을 적용할 경우 시스템 구축자체가 거의 불가능해 결국 망하게 된다. 대표적인 사례가 바로 '쓰리프티'이다. 1990년대 후반기에 아이스크림업체인 배스킨라빈스가 전국 340여 개 매장으로 선두에 있었고 300개를 넘어선 쓰리프티가 국내 아이스크림 업계의 2위를 달리는 것으로 보였으나 2년 뒤의 상황은 그와는 달랐다. 가맹지사 시스템과 오더맨을 썼던 쓰리프티 아이스크림은 결국 시스템이 금세 완전히 무너져서 망하고 말았다. 3위였던 미국의 '드라이

1990년대 후반 아이스크림 프랜차이즈 현황

NO	브랜드명	점포수(직영점)
1	배스킨라빈스	340(161)
2	쓰리프티	315(0)
3	드라이어스	90(0)

자료: 유재은 프랜차이즈 전략연구소

어스 아이스크림'도 오더맨과 가맹지사 시스템으로 같은 길을 걸었다.

시스템 준비기와 매장수 성장기를 거쳐 현재 유통사업 성숙기에 들어선 배스킨라빈스의 경우 사업초기 3년간의 적자를 감수하면서도 점포 입지가 약하거나 부족한 상권에는 매장을 개설하지 않았고, 프랜차이즈 사업 초기에는 과도한 매장수 확장에 주력하지 않으며 건실한 프랜차이즈 시스템을 구축한 결과, 한국 아이스크림업계 탑브랜드로 포지셔닝되었고, 현재 1,200여 개가 넘는 매장을 보유하고 있으며 그 아성을 쉽게 허물 만한 회사를 현재 찾아보기 어렵게 되었다.

하지만 8도 가맹지사 시스템을 사업초기부터 도입해서 곧 바로 가맹점 개설에만 주력해 사업시작 2~3년 만에 300개 이상의 매장을 확보했던 쓰리프티는 불과 2년 뒤 본사가 망해버렸다. 망할 수밖에 없는 요인은 앞에서 말한 바와 같이 특히 중형 프랜차이즈인 아이스크림매장을 상당수 소형 프랜차이즈처럼 소형상권에 입점시켜서 대부분 각 가맹점들이 수익을 올리지 못하는 상황에 빠지고 만 것이다.

이처럼 오더맨과 가맹지사 시스템은 브랜드 장수를 위한 장기적 운영보다는 단기적 개설 수익에만 몰두하는 시스템이기 때문에 쉽게 부실화되고 무너지게 되어 있다. 물론 치킨프랜차이즈처럼 아이템이 단순하고 배달 위주의 단순한 운영방식의 소형 프랜차이즈 브랜드는 영향을 덜 받을 수는 있다.

그러나 브랜드가 견고하게 장수하기 위해서는 시간이 좀 더 걸린다 해도 손쉬운 가맹지사 시스템의 유혹에서 벗어나 본사 직접 체제의 프랜차이즈 시스템을 구축해야 오래도록 장수하는 우수한 브랜드가 될 수 있다.

프랜차이즈 법칙 3. 오더맨의 법칙

전문성과 도덕성이 결여된 오더맨을 통한 사업방식은 단기적으론 빠른 속도로 확장을 꾀할 수 있으나, 부실한 상권입점이 반복되기 때문에 결국 프랜차이즈 시스템의 붕괴를 가져오는 법칙을 말한다.

레드오션의
법칙

The Franchise Law
in the Korean Market

4

레드오션의 법칙

"New Market의 New Product는 성공하기 어렵다
Old Market의 New Product가 성공한다."

프랜차이즈 시장이 워낙 빠른 속도로 확장되니까 신규사업의
일환으로 모델점을 만들어서, 프랜차이즈 사업을 크게 성장시키
려는 시도는 개인이나 기업들이 많이 활용하는 케이스이지만 실
제로 프랜차이즈 성공률은 높지 않은 것이 사실이다. 그 이유는
다음과 같다.

첫째, 기존 프랜차이즈 시장 안에서 차별화에 너무 주력을 하
다보면 아래와 같이 신규시장을 개척하면서 신규고객까지 창출
을 새로이 해야 하는 경우가 많기 때문이다.

차별화, 차별화 하다 보니 새로운 것만 추구하다 레드오션이
대부분인 기존시장(Old Market)을 벗어나 수요가 전혀 형성되

Market (시장)	Product (상품)	사업성공 가능성
Old Market (기존 시장)	신제품(New)	가장 높음
	구제품(Old)	낮음
New Market (신규 시장)	신제품(New)	매우 낮음
	구제품(Old)	낮음

자료 : 한국시장의 프랜차이즈 전략 Ⅱ

지 않은 신규시장(New Market)에 론칭해 버리는 것이다. 없던 고
객을 만들어내고 신규 수요를 만들어내야 하므로 고객의 수요창
출이 난항을 겪을 수 있고, 고객수요가 생겨난다 해도 수익을 낼
때까지 수년간 혹은 그 이상 오랜 시간이 소요되는 탓에 프랜차이
즈 사업의 성공에 차질을 빚는 사례가 많다.

둘째, 상품의 우수성(외식의 경우 메뉴의 맛)은 결국, 노하우에서
나오므로 노하우가 그렇게 몇 개월 정도의 단시간에 만들어지기
는 힘들다.

고객의 방문을 통해 검증하고, 그 검증의 바탕 위에 업그레이
드하면서 만들어지지, 반짝이는 아이디어만으로 고객을 쉽게 끌
어들여 돈을 벌기는 어렵다. 그 예 중의 하나가 특허 낸 아이템
중에서 정말 뛰어난 아이디어는 많지만, 실제 국내시장에서 특
허상품으로 돈을 번 경우는 매우 드물다는 사실에서 알 수 있다.

단순히 뛰어난 아이디어 상품이 돈을 버는 것이 아니라, 소비
하는 대중의 대다수가 원하고 있는 욕구(Needs)를 알아내고 그
욕구에 맞는 상품(메뉴)을 내놓을 때 사업화되어서 큰 수익을 내
는 것이다.

너무 앞서간 아이템은 개발능력 때문에 주변사람의 칭찬을 이끌어낼지는 몰라도, 돈을 벌어주는 대중의 수요가 따라주고 확산되는 데 시간이 많이 소요되므로 사업적 성공을 거두지 못할 때가 많다.

그러므로 사업방향설정을 잘해야 한다. 주변사람의 칭찬이 먼저인지, 돈을 버는 것이 먼저인지, 이 두 가지가 프랜차이즈 사업 초기에는 일치하지 않을 때가 많다.

필자가 느끼는 안타까운 일 중에 하나가, 신규매장 개발능력은 탁월한데, 직영매장 몇 개 오픈에 그치고 마는 경우가 있다. 그래서 매장이 대중화에 실패하고 확산되지 못하는 프랜차이즈 회사들이 많이 있다. 통상은 그런 회사의 CEO들은 브랜드 개발능력과 아이디어는 뛰어난데, 조직관리 능력이나 시스템 구축과 활용능력은 뛰어나지 못한 경우가 많다. 주변의 인정은 받고 싶고, 창작욕구(?)는 넘쳐나니 자꾸 신규 매장만 만들어 내는 것이다.

그렇다면 프랜차이즈 시장에서 성공을 거두고 있는 브랜드들은 어떤 것이 있을까?

우수 프랜차이즈 중 하나인 교촌치킨을 들 수 있다.

보통 치킨시장은 누가 신규 브랜드를 시작하려 하면 레드오션이라고 하면서 말리기 일쑤이다. 국내시장이 포화상태라는 것이다. 포화상태의 시장을 우리는 레드오션이라고 부르기도 한다.

한국인은 연간 8억 마리의 닭을 소비한다. 볶아 먹고, 찜으로 먹고, 튀겨서 먹고, 바비큐로 먹고 …. 어떤 방식으로 먹어도 연간 8억 마리는 우리 5,000만 소비자가 소비하는 것이 닭시장이다.

교촌치킨 매출액 현황

(단위 : 억원)

연도	총자산	총자본	매출액	영업이익	당기순이익
2011	360	113	1,140	84	9
2012	461	144	1,425	112	41
2013	498	106	1,741	92	7
2014	515	179	2,279	150	79
2015	556	144	2,576	152	70

자료 : 공정거래위원회

교촌치킨은 이런 치열한 레드오션인 치킨시장에서 간장 치킨이라는 컨셉으로 시작해서 기존의 우수한 치킨 브랜드를 제치고 명실공히 1등 브랜드가 되었다. 지금은 메뉴가 상당히 다양화되었지만 론칭 이후 치고 나온 것은 그 당시 인기를 누려왔던 후라이드 치킨, 양념 치킨, 바비큐 치킨 등에서 차별화된 맛의 간장 치킨으로 시장을 뚫었고 전국을 석권한 사례이다.

지금은 주춤하지만, 수년 전부터는 웰빙을 컨셉으로 기름에 튀기지 않고 굽는 방식의 굽네치킨 등이 시장을 개척했다. 사실 치킨매니아의 약진은 치킨호프시장에서 치킨만 먹는 고객의 식상함을 이자까야 메뉴 등을 더 보강함으로써 치킨시장에서도 다양한 메뉴가 고객의 만족을 높여준 것이 성공의 요인이라 할 수 있다.

물론 나름의 성공 뒤에는 치킨이 맛있기 때문이라고 주장하겠지만, 그것은 기본이다. 치킨이 맛이 없었다면 아예 시장에서 생존도 못했을 것이다. 기본적인 맛 이외에 고객의 새로운 욕구(Needs)를 충족시켜 주었기에 성장이 가능한 것이다.

교촌치킨도 굽네치킨도 치킨매니아도 모두 레드오션이라는 치

킨시장에 뛰어들어 각자의 성공을 거둔 사례이다. 즉, 레드오션
이라 불려질 수 있는 Old Market에서 차별화된 신제품인 New
Product로 런칭해서 성공한 브랜드들인 것이다.

지금은 예전만한 전성기를 누리지 못하지만 주점 최고의 브랜
드였던 '와라와라'도 마찬가지이다. 2002년에 요리주점[+] 시장
이 중저가 브랜드가 폭발적으로 난립하고 있을 때 론칭했다. 당
시 요리주점 브랜드 '천하일품', '형어디가', '웬일이니', '어쭈구
리', '이화주막' 등등 중저가 가격대의 브랜드가 요리주점의 레드
오션 시장을 만들어 갈 때, '수제요리주점' 컨셉으로 론칭해서 성
공시킨 브랜드다. 가격대는 중저가가 아닌 중가로 타 브랜드 대
비 좀 더 비쌌지만, 그 당시 '더 싸게 더 다양하게'의 흐름으로 인
해 부실한 메뉴로 넘쳐난 저가 브랜드에 질려 있던 소비력 있는
고객들이 몰려 들었고 반응은 엄청났다. 그러므로 와라와라의 전
성기가 시작된 사례도 동일한 케이스이다.

결국 와라와라는, 레드오션으로 보여졌던 Old Market에서 '수
제요리'라는 고급화된 컨셉의 New Product를 시장에 론칭해서
성공시킨 브랜드이다.

예전에는 이미 누구나 입고 있던 흰 런닝, 흰 팬티의 국내 내의시
장에서 당시 '쌍방울'과 '백양'으로 양분화 되어 있던 Old Market
에서 주병진이라는 당시 개그계의 신사라 불리던 개그맨이 시작
한 내의 브랜드 '보디가드'가 내놓은 고급화된 컬러내의라는 New

[+] 유재은 프랜차이즈 전략연구소.

Product는 오랜 고생 끝에 코스닥 상장으로 성공을 이루었다.

그리고 이미 오래전에 만들어진 Old Market인 아이스크림 시장에서 요구르트 소프트 아이스크림이란 New Product로 전국을 석권했던 '레드망고'도 같은 사례인 것이다.

물론 레드망고가 국내에서 약화된 이유는 따로 있지만(제3부 '20. 수영장의 법칙' 참조) 그래도 한 때는 국내를 석권한 브랜드였다.

이와 같이 프랜차이즈는 얼핏 멋있어 보이고 아이디어가 돋보일 수 있는 New Market의 New Product로 성공해서 실제 시장을 석권하기는 쉽지 않다. 누구나 이 시장에 뛰어들 수는 있지만, 사업의 성공과는 거리가 먼 산업개척의 역군으로만 남을 수 있기 때문이다.

한국 프랜차이즈 시장은 멋있어 보이기보다는 레드오션^{Red-Ocean}으로 보일 수도 있는 기존 시장인, Old Market에 뛰어 들어야 오히려 성공률이 높다. 다만 식상하지 않은 상품과 메뉴노하우가 반영된 New Product이어야 하고 현재의 고객 트렌드와 욕구(Needs)가 반영된 가성비 높은 New Product이어야 한다.

프랜차이즈 법칙 4. 레드오션의 법칙

기존 브랜드들로 포화를 이루고 있는 시장은 레드오션으로 보일 수 있지만, 이미 수요가 넘치는 이 시장을 고객만족도를 높인 New Product로 공략한다면 프랜차이즈에서 성공확률이 높은 법칙을 말한다.

한 수
아래의
법칙

제1부
프랜차이즈 사업

Chapter 5

The Franchise Law
in the Korean Market

5

한 수 아래의 법칙

"소형 프랜차이즈 본사의 상권분석과 마케팅,
그리고 시스템은 중형 프랜차이즈 본사의 수준을
따라오지 못한다."

프랜차이즈 본사라고 다 같은 본사가 아니다. 대형·중형 프랜
차이즈 본사의 시스템과 소형 프랜차이즈 본사의 업무 수준차가
현격히 나게 되어 있다.

순서대로 정리하면 일반적으로 대형 프랜차이즈 본사 시스템
수준이 가장 높고 우수한 요소가 많고, 그 다음 중형 프랜차이즈
본사의 시스템이 높은 수준이고, 마지막으로 소형 프랜차이즈의
시스템이 가장 낮은 수준이다.

그런데 대형 프랜차이즈 본사는 대부분 가맹사업 전개가 어려
운(제3부 '17. 전개의 법칙' 참조) 시스템을 가지고 있어 프랜차이즈
시스템 중 직영 시스템 위주로만 운영되는 경우가 많다.

거기에 비해 중형 프랜차이즈는 직영 시스템과 가맹 시스템 모두를 운영하는 본사가 대부분으로 직영 시스템의 수준과 운영의 체계성은 대형 프랜차이즈보다는 다소 약하지만, 대신 동시에 직영점과 가맹점운영이 본격화되고 체계적인 가맹시스템을 운영한다는 점에서 가장 경쟁력이 높은 프랜차이즈 시스템 체제라 할 수 있다.

물론 기업별로 차이가 있을 수 있고, 그 회사 내에 근무하는 직원들의 개인차가 있을 수 있으나, 이런 시스템의 격차에 부합하지 않는 예외적 프랜차이즈는 생겨나기 어렵다.

대형 프랜차이즈가 가맹사업을 전개하는 경우는 없다. 거의 직영 위주의 사업을 펼치므로, 가맹사업을 논할 때는 역시 중형 프랜차이즈와 소형 프랜차이즈 위주로 다루게 된다. 그러므로 여기서는 중형 프랜차이즈와 소형 프랜차이즈 위주로 비교해 보겠다. 이처럼 운영수준과 업무수준, 마케팅 수준 등이 격차가 나는 것은 프랜차이즈 시스템의 구조에 있다. 특히, 상권분석 시스템 & 점포개발 시스템, SV시스템, 가맹영업 시스템 등을 중심으로 살펴볼 수 있다.

첫째, 상권분석 & 점포개발 시스템이다.

중형 프랜차이즈는 대형상권과 중형상권에 입점해야 한다. 소형 프랜차이즈는 동네상권인 소형상권 위주로 입점한다.

전국적으로 100여 개 있는 대형상권의 분석과 점포개발은 너무 유명한 밀집번화가들이어서 대형상권인지 아닌지 여부를 판단하는 것은 상대적으로 쉬운 일이다.

서울의 명동 상권, 신촌 상권, 홍대 상권, 강남역 상권, 부산 서면, 남포동 상권, 대구 동성로 상권, 광주 충장로 상권, 대전 유성 상권, 춘천 명동 상권 등 이미 모두가 다 아는 유명밀집번화가이므로 상권의 입점가능 적합성을 찾는 것은 어렵지 않다. 다만 (점포)목이 A급인 곳은 권리금과 임대료가 너무 높아 투자비의 효율성을 맞추는 것이 어려운 상권이다.

그러나 중형 일반상권으로 오면 내용이 달라진다.

전국적으로 약 200여 개의 중형 일반상권이 있다. 또 900여 개의 중형 특수상권도 있다(제2부 '11. 중형 일반상권의 법칙' 참조). 이 중형 일반상권의 '입점' 여부는 그리 간단치가 않아서 상권별로 분석해봐야 입점여부가 결정되어지는 중형상권들이 많다.

이 과정에서 중형 일반상권을 분석할 수 있는 상권분석 툴Tool이 필요하며, 유동량, 고객성향, 밀집도 그리고 점포의 위치(목) 등 분석해봐야 할 요소가 많다. 아이템에 따라 다르지만, 중형 일반상권 내에서도 어느 수준의 목(점포위치)에 입점해야 생존가능한지 여부는 브랜드의 특성과 경쟁력별로 각각 분석해야 한다. 중형 일반상권이라고 목을 무시하고 아무데나 입점시킬 수는 없기 때문이다.

그러나 소형 프랜차이즈가 주로 입점하는 소형상권은 다르다. 소형 일반상권은 대부분이 동네상권(주택가 상권)에 해당한다. 동네상권은 그 사이즈가 작아서 분석할 것도 별로 없는, 입점판단이 매우 쉬운 상권이다. 각자 자기 동네상권을 생각해보면 쉽게 이해가 갈 것이다.

동네상권은 매우 간단하고 쉽다. 더욱이 소형 프랜차이즈는 배달형인 경우가 많다. 배달형 아이템의 경우는 점포위치(목)의 중요성이 더 낮아지는 게 보통이다.

그래서 동네상권에서 웬만한 곳에 점포를 오픈해도 가맹점주가 배달만 잘하면 동네에서 생존하는 데에는 어려움이 없다. 물론 최근 치킨집은 전국에 4만 개가 넘어서 레드오션의 수익성이 매우 낮은 시장이 되다보니 생존이 쉽다고만 할 수는 없게 되었다.

이렇다 보니 소형 프랜차이즈를 운영하는 회사는 대부분 오너나 직원들이 다른 중형 프랜차이즈를 경험해보지 못하는 경우가 더 많기 때문에, 자신들의 상권분석능력이나 상권에 대한 분석수준이 소형 프랜차이즈 수준 중심에서 머물고 있다는 것을 잘 모르는 경우가 많다. 물론 예외적으로 높은 수준을 유지하고 있는 경영진이나 직원이 일부 있기도 하다. 경영진도 직원도 서로 모르니까 그 회사 내에서는 별다른 문제가 되지도 않는다.

소형 프랜차이즈 회사가 소형 프랜차이즈 브랜드만을 운영할 때도 아무런 문제가 되지 않는다. 다만, 신사업이나 신규브랜드를 론칭할 때, 특히 중형 프랜차이즈 브랜드로 진출할 때 문제가 많이 발생한다.

중형 프랜차이즈 상권시스템이 자신들이 생각해왔던 소형 프랜차이즈 시스템처럼 단순하고 간단하다는 생각의 틀에서 벗어나지 못하고 상권전략을 구사하다가 낭패를 보는 사례가 많은 것이다.

실제로도 소형 프랜차이즈 본사가 중형 프랜차이즈 브랜드를 론칭해서 사업실패나 사업부실을 경험하는 사례가 매우 많다. 그 예로 치킨 브랜드와 김밥 브랜드가 있다.

이들 같은 소형 프랜차이즈 회사들이 중형 프랜차이즈에서 성공한 사례는 매우 드물다.

둘째, SV 시스템이다. 수퍼바이저 시스템Supervisor system은 두 가지 요소가 중요하다. 하나는 매장운영전략이고 다른 하나는 매장운영주체인 가맹점주이다.

중형 프랜차이즈 브랜드의 대부분은 매장의 규모가 큰 편이고 아이템이 복잡하기 마련이다. 한 예로 소형 프랜차이즈인 CVS라 불리는 편의점보다 중형 프랜차이즈인 SSM이라 불리는 이마트 에브리데이나 홈플러스 익스프레스가 매장도 훨씬 더 크고 판매상품의 카테고리도 더 다양하다.

또 다른 예로 소형 프랜차이즈인 투다리보다 중형 프랜차이즈인 와라와라 이자까야가 훨씬 매장도 크고 메뉴의 종류와 구성 등에서도 수준 차이가 많이 난다. 그 예로 투다리 매장은 10평 내외인 반면 와라와라는 50평~100평 내외가 많다. 또 매장운영직원의 수도 투다리는 1~2명 내외지만 와라와라는 최소 5~10명 이상으로 구성되어 있다. 메뉴수도 투다리는 20~30개 정도 수준이지만 와라와라는 70~80개 이상이다.

그러므로 중형 프랜차이즈 매장에서 고객확산 프로모션이나 매출증대를 위해서 펼쳐지는 매장전략은 훨씬 더 복잡하고 어렵다.

그 다음은 가맹점주이다. 소형 프랜차이즈는 총 투자금액이 1억 정도가 대부분이다. 그러므로 소형 프랜차이즈의 가맹점주는 서민층 생계형이 많고, 재산수준이 높은 경우는 매우 드물다. 학력이나 경력도 비즈니스관점에서 볼 때 물론 예외적인 분들도 계시겠지만 고위직종보다는 상대적으로 그렇지 않는 경력을 소유하신 분들이 더 많음을 부정하기 어렵다.

반면 중형 프랜차이즈는 통상 총 투자금액이 3~4억 이상이 많다. 그래서 중형 프랜차이즈의 가맹점주들 중에서는 중산층 이상이 많으며, 지방으로 내려가면 그 지역의 유지나 유지의 자녀들도 많이 가맹점주가 되기도 한다.

또 대기업 퇴직자도 많다. 그분들의 비즈니스에 대한 눈높이와 수준은 훨씬 높은 편이다. 본인들이 직접 할 수 있는 노하우는 없어도 보는 눈은 높은 것이다. 그러므로 본사는 이 가맹점주들과 커뮤니케이션하면서 동시에 리딩해야 하는데, 결코 그 과정이 소형 프랜차이즈 점주분들보다 훨씬 까다롭고 쉽지 않다.

세 번째, 가맹영업 시스템이다. 비교적 학력이 높고 대기업 또는 중견기업 경력에다 재산대도 중산층 이상인, 즉 3~4억 이상 투자할 능력이 있는 중형 프랜차이즈 가맹희망자를 상대하고 설득하여 영업하는 것과 1억 정도 투자하는 생계형으로 가맹점을 열려는 소형 프랜차이즈 가맹희망자를 설득하는 것 중에서, 후자인 소형 프랜차이즈가 상대적으로 설득과 영업진행이 훨씬 수월함은 가맹영업의 현장 근무자들은 부인할 수 없을 것이다.

가맹영업의 설득력과 가맹영업의 시스템적 접근방식에 있어서도 중형 프랜차이즈와 소형 프랜차이즈의 수준 차가 나게 되어 있다.

이와 같이 중형 프랜차이즈 시스템의 본사와 소형 프랜차이즈 시스템의 본사는 프랜차이즈 시스템 수준, 매뉴얼 수준, 상권분석 시스템 수준, S/V시스템 수준, 가맹영업 시스템 수준, 브랜드 마케팅 수준 등에서 상당한 수준 차를 가지고 있다.

통상은 중형 프랜차이즈 본사 종사자들은 이 사실을 잘 아는데 비해서, 소형 프랜차이즈 본사 종사자들은 이러한 수준 차를 잘 깨닫지 못하는 경우가 종종 있다.

왜냐하면 중소기업의 소형 프랜차이즈의 경우 오너가 괜찮으면 다 괜찮은 분위기가 더욱 만연해 있고, 오너나 CEO가 중형 프랜차이즈를 잘 모르기 때문에 깊이 있는 시장조사와 분석을 소홀히 할 때가 많다. 물론 소형 프랜차이즈 중에서도 세븐일레븐, 파리바게뜨, 아리따움 같은 대기업의 예외가 있기도 하고, 중소기업 규모의 소형 프랜차이즈 본사 중에서도 상당히 높은 수준의 오너가 예외적으로 있기도 하다.

BBQ 프랜차이즈 브랜드 현황

(단위 : 개)

구분	NO	브랜드명	가맹사업 개시일	2014년 매장수			2016년
				가맹	직영	계	
소형 프랜차이즈	1	BBQ	1995년	1,684	28	1,712	1,457
	2	올떡	2007년	290	2	292	170
	3	초대마왕	2014년	3	3	6	-
중형 프랜차이즈	1	우쿠야	2003년	124	1	125	138
	2	신태랑	2006년	60	0	60	50
	3	닭익는마을	1999년	27	1	28	25
	4	왕푸짐 3.3	2014년	0	0	0	7
	5	참숯바베큐치킨	2007년	83	0	83	-

자료 : 공정거래위원회(2014)
'-' 표시는 홈페이지에서 확인 안 됨

김가네 프랜차이즈 브랜드 현황

(단위 : 개)

| 구분 | NO | 브랜드명 | 가맹사업 개시일 | 2014년 매장수 | | | 2016년 |
				가맹	직영	계	
소형 프랜차이즈	1	김가네 김밥	1996년	410	0	410	471
중형 프랜차이즈	1	치킨방앗간	2013년	5	1	6	7
	2	보족애	2008년	4	0	4	5
	3	쭈가네	2006년	4	0	4	4
	4	루시	2010년	0	0	0	사업철수
	5	파크볼226	2013년	0	0	0	사업철수

자료 : 공정거래위원회(2014)

하지만 그것은 그 회사가 다른 중형 프랜차이즈 브랜드도 운영하고 있기에 가능한 일이다. 파리바게뜨는 SPC그룹으로 배스킨라빈스라는 중형 프랜차이즈를 운영해왔고, 아리따움은 아모레퍼시픽그룹으로 에뛰드 하우스, 이니스프리 같은 중형 프랜차이즈를 운영하고 있다.

중형 프랜차이즈와 소형 프랜차이즈 브랜드

구분	중형 프랜차이즈	소형 프랜차이즈
외식업	놀부부대찌개, 배스킨라빈스, 던킨도너츠, 김선생, 와라와라, 커피빈, 투썸플레이스, 채선당, 미스터피자, 서브웨이, 한신포차	이디야, 뚜레쥬르, 파리바게뜨, BBQ, 교촌치킨, 김가네, 투다리, 국대떡볶이
판매업	이니스프리, 에뛰드하우스, 양키캔들, 이마트 에브리데이, 다비치안경, 홈플러스익스프레스, 다이소, 에블린, 로이드, 클루, 초록마을	CU, GS25, 세븐일레븐, 아리따움
서비스업	쟈끄데상쥬, 이철헤어커커, 정철주니어어학원	블루클럽, 크린토피아

자료 : 유재은 프랜차이즈 전략연구소

그렇기 때문에 소형 프랜차이즈로 시작해서 소형 위주로 성공한 본사들은 중형 프랜차이즈 시장에 론칭할 때 조직구성과 사업전략의 틀을 완전히 새롭게 바꾸어야 한국 시장에서 성공할 수 있다.

프랜차이즈 법칙 5. 한 수 아래의 법칙

소형 프랜차이즈 본사의 상권분석 & 점포개발 시스템, SV시스템, 가맹영업 시스템 수준이 중형·대형 프랜차이즈 본사에 비해 매우 낮기 때문에, 중형 혹은 대형 프랜차이즈 시장에 진입하기 위해서는 기존의 사업전략 틀에서 완전히 벗어나야 성공하게 되는 법칙을 말한다.

페달(Pedal)의 법칙

The Franchise Law
in the Korean Market

6

페달(Pedal)의 법칙

"프랜차이즈 본사 조직의 규모가 과도해지면,
계속되는 가맹점 신규 오픈이 독(毒)인줄 알지만,
멈출 수가 없어진다.
왜냐하면, 자전거처럼 페달을 밟지 않으면
쓰러지는 구조이기 때문이다."

자전거를 탔을 때, 페달을 밟지 않으면 자전거가 넘어진다는 것을 모르는 사람은 없다. 넘어지지 않으려면 페달을 계속 밟아 주어야 한다. 프랜차이즈에서도 이 페달의 법칙은 예외가 아니다.

프랜차이즈 본사가 프랜차이즈 조직과 시스템을 잘 모르는 사업 초기에 많이 범하는 실수가 있는데 그것은 조직확장이다.

일단 잘 모르니 여기저기 많이 뽑고, 전국 매장확장에 욕심을 내다보니, 규모를 키우기 위해 인력을 많이 뽑는다. 특히 팀장들의 파워게임 때문에 각 부서별로 더 커지고 싶은 마음에 팀별로 더 많은 인력을 요구하게 되기도 한다.

그래서 적정수준을 벗어난 과도한 프랜차이즈 조직의 확장은 페달의 법칙에 놓이게 된다. 자전거가 페달을 밟지 않으면 쓰러지듯이, 페달의 법칙은 본사의 신규가맹점 개설이 멈추거나 매달 오픈시키는 평균 매장 숫자가 줄어들면 본사가 무너지는 현상이다. 이러한 본사조직의 와해를 막기 위해 가맹점 신규개설의 페달을 계속 밟게 된다. 그 이유를 좀 더 살펴 보자.

이러한 현상을 불러 오게 되는 프랜차이즈 사업초기의 본사 조직이 과도하게 확장되는 케이스는 다음의 세 가지이다.

첫째는 프랜차이즈 실무와 시스템을 사업초기 경영진이 잘 모르는 경우이다. 최소한의 인력과 최적의 업무분담 방식을 잘 모르기 때문에 우선 필요하다고 생각되는 인력을 계속 채용하여 조직을 세팅한다. 그러면 그 조직은 금세 효율성을 잃어버리고 과도한 조직으로 바뀌어간다.

둘째는 가맹점 개설에 지나친 욕심을 내는 경우이다. 프랜차이즈 사업의 실체를 제대로 파악하지 못한 채, 가맹점 숫자가 늘어나서 몇 백 개가 되면 프랜차이즈 사업이 성공하는 것으로 오해하기 때문이다.

가맹점이 많다고 우수 프랜차이즈가 아님에도 이런 현상은 계속되고 있다.

많은 가맹점을 새로 개설해야 하니까 그것이 지상과제이기에 가맹영업 인력, 점포개발 인력, 매장오픈 인력, 그리고 지원부서의 인력을 확대해서 계속 늘려 잡는 것이다.

프랜차이즈 사업을 해나가는 실무 시스템의 조직구성을 빨리, 규모 있게 갖추었다고 사업이 확장되고 전국을 석권하면서 성공하는 것이 아니다. 먼저 매장숫자와 본사조직 간의 적정한 규모의 밸런스를 맞추는 것이 더 중요하다.

셋째는 부서 간, 실무팀 간의 부서 확대주의를 경영층이 간과하는 경우이다. 보통 부서장이나 팀장들은 자기 조직의 사람이 많을수록 파워를 더 갖게 된다. 팀장급들은 CEO나 오너처럼 회사의 손익을 책임지는 자리가 아니기 때문에 인력의 인건비와 경비의 증가로 손익이 역전되거나 악화되는 일에 관심도가 CEO나 오너보다는 낮을 수밖에 없다. 그렇기에 자기부서나 팀의 팀원 숫자는 '다다익선多多益善'으로 많을수록 좋으므로, 기회만 되고 회사가 조금만 잘 나가면 인원을 더 뽑아달라는 요청을 하게 된다. 이때 경영진이 사업의 핵심을 가맹점 개설증대, 가맹점 숫자에 맞춰놓고 있으면 그러한 부서장이나 팀장들의 의견을 적극 수렴하게 되어 프랜차이즈 본사조직이 과도하게 확장된다.

문제는 여기서부터 시작된다.

뽑아놓은 인력은 고정비를 무겁게 한다. 늘어난 인력은 인건비뿐만 아니라 조직을 유지하기 위한 비용도 증가시킨다. 그러면 신규 가맹점 개설을 통한 본사 개설수익(가맹비 수익, 인테리어 수익, 매장시설 수익, 초도상품 수익 등)의 증대를 통해 늘어나버린 본사 운영경비를 충당하려고 한다.

프랜차이즈 사업초기, 적어도 초기 몇 년간은 매장수가 적어서 기존의 각 가맹점을 통한 유통수익과 로열티 등을 통한 수입만으로는 늘어난 본사 조직의 운영 경비를 유지하는 것은 매우 어려운 일이다.

본사의 수입은 유통수익(유통마진과 로열티 등)과 신규개설수익(가맹비 등) 두 가지인데, 매장수가 적어 유통수익만으로는 본사를 꾸려가기 어렵게 된다.

그러므로 가맹점 개설수익에 본사는 더 집중하게 된다. 그 달에 새로 유입되는 신규 가맹점 개설수익이 안 받쳐주면, 직원들의 급여 지급도 차질을 빚는 구조가 되어 있는 것이다.

그렇게 되면 가맹점주를 우리 브랜드 특성에 맞는 운영자로서 선별한다든지, 입점하려는 상권의 분석을 철저히 해서 우리 브랜드 특성에 맞는 입지를 선별하는 일은 소홀히 하게 된다.

신규 가맹점주나 신규 입점매장의 상권이 부실하면 선별하고, 걸러내어야 프랜차이즈 시스템이 튼튼한 구조를 갖게 되는데, 결국 그와는 반대로 부실한 프랜차이즈 시스템을 가지게 된다.

이런 식으로 사업을 전개하여 통상 6개월~1년 정도가 지나면, 모두 부메랑으로 돌아와 프랜차이즈 시스템이 무너지고, 본사가 무너지는 데 결정적 역할을 하게 된다.

그러나 재정이 어려워져 심각한 운영난에 처한 본사는 상황논리에 빠져버려 우수한 자질의 점주나 성실한 점주의 선발, 최적 상권의 입점이라는 프랜차이즈 시스템 본연의 과정에서 이미 벗어나 버렸지만, 크게 자책하거나 반성하지 않는다.

왜냐하면 앞으로의 시스템 구축이나 장수브랜드보다 당장의 직원 월급을 잘 주어야 생존하는 상황에선 우리 회사의 생존이라는 사업논리가 회사 내에 이미 만연해 있기 때문이다.

이 논리와 분위기에 휩싸이게 되면 본사는 결국 넘어지지 않기 위해 자전거 페달을 계속 밟듯이, 부실한 가맹점 개설의 페달을 밟으면서 계속 전진을 외치며 나가게 된다.

이런 상황에 빠지지 않으려면, 가맹점 개설숫자에 연연하거나 신규 가맹점의 개설을 본사 사업의 1순위에 두어서는 안 된다. 본사 조직을 사업초기부터 슬림화 시켜야 한다. 최소한의 조직으로 세팅하고, 신규 가맹점주가 구전과 구전을 통해 자연스럽게 상당수가 연결되어 오기까지 기다려야 한다.

그리고 본사의 안정적인 고정수입을 갖추기 위해 먼저 직영점을 확대해야 한다. 보통 1개의 중형 프랜차이즈 직영점은 1,000~5,000만 원 내외의 월 수익을 가져다준다. 직영매장이 많아지면 본사직원의 교육도 수월해진다. 게다가 신규 가맹개설수익이 없어도 본사를 운영하는 데 지장이 없으므로 재정적인 문제에서도 벗어나게 되어, 우수 가맹점주를 골라서 선별할 수 있게 된다. 또한 새로 입점하려는 상권이 약해 보이면 더 좋은 최적의 상권을 개발할 때까지 충분히 기다려 줄 수 있어서, 우수매장을 하나씩 차곡차곡 만들어 갈 수 있는 것이다.

그리고 또 한 가지 중요한 것은 개설하겠다고 가맹점주들이 몰려오기 전까지는 조직 확대를 자제해야 한다. 프랜차이즈 본사 조직 확대가 먼저가 아니라 가맹고객이 몰려오고 나서 혹은 그런 상황이 펼쳐지는 시점에 맞춰 조직을 확대해야 한다.

신규 가맹점의 문의가 별로 없다면 아직 때가 안 된 것이기에 조직을 늘려서는 안 된다. 지금은 기존 매장들의 수익성이 더 높아져야 하고 프랜차이즈 시스템을 더 체계화시켜야 하는 시기인 것이다.

가맹고객이 몰려오고 나서 조직을 확장해도 절대 늦지 않는다.

욕심은 화를 부른다. 매장숫자와 본사확장에 욕심내지 말고 기존의 본사 조직이 신규가맹점을 통한 개설수익이 없어도 본사를 유지하는 데 별 문제없는 조직으로 만들어야 한다.

사업 초기 직영점의 적정한 확장을 통해 본사의 고정수입을 확보할 수 있는 시스템을 먼저 만들어야 한다. 즉 신규가맹점 개설과 상관 없이 본사는 직영점 운영수익과 프랜차이즈 사업초기 얼마 안 되는 가맹점의 유통수익과 로열티만으로도 매월 본사 운영경비를 충당해 갈 수 있는 적정한 규모의 프랜차이즈 사업 조직을 먼저 만드는 것이 급선무이다.

마찬가지로, 가맹점 신규 개설의 페달을 계속 밟아야만 하는 과도한 프랜차이즈 조직을 성급하게 만들면 안 된다. 지금도 이러한 본사들이 매우 많은 것이 현실이다. 계속가면 낭떠러지로 떨어지는 것이 보이면서도, 당장 넘어지지 않기 위해 자전거 페달을 계속 밟는 것은 어리석은 경영이다. 그래서 프랜차이즈 사업초기부터 슬림한 조직중심으로 만들어 놓아야 한다. 잘못 발을 들여 놓으면, 빼도 박도 못하는 많은 대가를 치르는 프랜차이즈 본사 조직이 되기 때문이다.

프랜차이즈 법칙 6. 페달의 법칙

프랜차이즈 시스템 구축 초기에 슬림한 조직을 유지하지 못하고 과도하게 확장하게 되면, 자전거 페달을 밟듯이 계속되어야 하는 신규 가맹점의 개설이 없이는 본사를 유지할 수 없는 위험한 구조에 빠지게 되는 법칙을 말한다.

매장공식의
법칙

제1부
프랜차이즈 사업

Chapter 7

The Franchise Law
in the Korean Market

7

매장공식의 법칙

"프랜차이즈 운영매장의 성패는
브랜드, 입지, 점장(점주)의 세 가지 요소에 의해 결정되며,
또 예측할 수 있다."

프랜차이즈 사업의 성패는 운영매장의 성패와 직결된다. 이 운영매장의 성패는 보는 이에 따라, 관점에 따라 달라질 때가 많다.

어떤 분은 브랜드가 좋아야 한다고 말하고, 어떤 분은 상권이 좋아야 한다고 말하고, 점포목이 좋아야 한다고 강조하기도 한다. 또 결국 점포사업은 매장운영자인 점장(또는 가맹점주)이 좌우한다고 보기도 한다.

그리고 심지어 경기가 좋아야 한다고 경제 탓을 하는 사례도 많다. 모두가 나름대로 일리가 있는 말이다.

프랜차이즈 사업은 브랜드가 가장 중요하다고도 할 수 있다. 그렇지만 브랜드만 훌륭하다고 점포사업이 유지되는 것은 아니다.

그렇다면 왜 맥도날드 같은 세계적인 브랜드의 매장도 망해서 철수하는 사례가 종종 나오는가. 강남 서초동의 무지개 아파트 앞 상권에 입점한 맥도날드는 영업부진으로 철수한 지 오래이다.

상권이 중요하다는 것은 누구나 다 인지하는 바이다. 그럼 왜 홍대같은 그 좋은 상권에서도 매주 문 닫는 브랜드가 속출하는가.

목이 좋아야 한다는 주장은 어디까지 맞는 것인가. 그 유명한 홍대 주차장 골목상권 초입에 젊은 층이 떼 지어 몰려들어오는 바로 그 자리에 있던, 멋진 테라스까지 갖춘 1층 50평형의 피쉬앤그릴은 왜 망해서 철수했을까? 적어도 (점포)목 때문은 아닐 것이다.

2000년을 전후해서 국내 이자까야의 효시라 할 만한 천하일품이라는 브랜드가 제주도에까지 오픈시키며 전국을 석권하고 있을 때의 사례이다.

국내 굴지의 S전자의 본부장 출신인 50대의 고지식해보이는, 200명 조직을 관리했다던 분이 서울의 대형상권 중 하나인 노원 상권에 40~50평 규모로 20대 대학생이 주 고객인 천하일품을 오픈한 적이 있다. 천하일품은 당시 경쟁력이 높아 워낙 잘될 때인데, 노원점은 매출이 매우 부진했다.

적자는 아니지만 손익이 부실했다. 필자가 사업을 총괄하는 본부장을 맡고 있어 방문해 보았다. 원인은 그 훌륭한 커리어의 본부장님이 문제였다. 카운터에 앉아 있는 그 분의 표정은 이마에 '나는 주인임'이라고 쓴 두건을 두르고 있는 것과 같이 고압적인 모습이었다. 거기다가 그곳에 와서 술과 다양한 안주를 즐기다가는 20대 초반, 중반의 남녀 젊은이들이 내 자식 같아 보여서인지 술 마시고 취하기도 하고 또 풀어져 있는 모습을 보며 "얘네들이 공부할 때지, 이렇게 술 먹고 다닐 때가 아닌데…"하는 표정으로 장사를 하고 있었다.

고객을 자식처럼 보는 것은 좋은데, 좀 과도한 측면이 있었다. 한 번 왔던 고객이 또 와서 단골이 쌓여가야 하는데 한 번 방문했던 고객은 불편해서 또 오기가 쉽지 않았던 것이다.

그 매장은 계속 부진했고, 결국 4개월 만에 그분의 친척 조카라는 30대 젊은 점장이 대신 매장을 운영하게 되었고, 몇 달이 지나자 그 매장의 매출 수준이 우수한 다른 매장들과 비슷한 수준으로 오르게 되었다.

비즈니스의 대단한 경력이 꼭 우수 점주가 되는 것은 아닌 것이다. 그렇다면 나이 때문인가.

비슷한 시기에 경희대의 점주는 같은 연령대인 50대 중반이었는데 무역업을 실패한 후 천하일품에 뛰어 들어 2년 만에 부채를 모두 갚고 성공한 케이스도 있었다. 이런 사례를 보면 연령대만의 문제도 아닌 것을 알 수 있다.

한 번은 충청남도에 있는 부부가 운영하는 충남대 매장의 매출이 매우 부진하다는 보고를 받게 되어, S/V와 함께 방문했다.

천하일품은 대학가에서 더 인기를 모으고 있을 때라 대학 상권에서 더 경쟁력이 높았다. 경쟁력 높은 서울 브랜드가 경쟁이 덜 치열한 지방대 상권에 내려갔는데 오픈한 지 수개월이 지나도록 매출이 정상화되지 못하는 것이 잘 이해가 되지 않았다. 방문해보니 그 부인은 성품이 그냥 봐도 착한 분이셨는데, 그 남편은 매우 신경질적이고 부정적이었으며, 부인도 그래서 걱정이 많았다.

남편이 일주일에 한두 번은 꼭 매장을 방문하는 고객인 충남대 학생들과 언쟁을 벌인다는 것이다. 고객과 주인이 싸우는 매장은, 더욱이 대학상권에서는 안 좋은 소문이 캠퍼스 내에 삽시간에 퍼지게 되어 있다. 이제 그 매장은 충남대 학생사이에서 성질 고약한 주인이 있는 매장으로 알려지고 만 것이다. 단골이 쌓여서 좋은 매출을 기대하기 어려운 케이스였다.

충남대 케이스처럼 우리는 젊은 층이 운영을 더 잘한다는 얘기를 많이 하지만, 30대의 젊은 연령대라고 해서 다 좋은 점주가 되는 것은 아닌 것이다. 그와는 반대 사례로 부부가 함께 운영하는 고려대점의 경우, 30대 젊은 부부의 화통하고 친절한 성격 탓에 최우수 매장으로 운영되는 사례도 있었다.

이와 같이 좋은 브랜드, 좋은 상권을 모두 확보해도 그 매장을 운영하는 점주나 점장에 의해 사업의 성패는 좌우될 수 있는 것이다.

그럼 프랜차이즈 매장운영 시 성패는 무엇으로 평가하고 예측하는가?

그것은 다음의 3요소로 결정되는데 브랜드, 입지(상권+목), 점장(가맹점주)이다. 그래서 프랜차이즈 매장의 성공공식은 아래와 같다.

> 매장 성공공식 = 브랜드 × 입지(상권, 목) × 점장(가맹점주)

각각 2점 만점으로, 브랜드 2점, 입지 2점, 점장 2점 만점으로 나뉜다.

브랜드 (아이템경쟁력)		
매우 우수	A	2.0
우수	B	1.5
보통	C	1.0
취약	D	0.5
매우 취약	F	0

입지 (상권&목)		
매우 우수	A	2.0
우수	B	1.5
보통	C	1.0
취약	D	0.5
매우 취약	F	0

점장 (운영능력)		
매우 우수	A	2.0
우수	B	1.5
보통	C	1.0
취약	D	0.5
매우 취약	F	0

그러므로 3요소가 모두 A인 최상의 매장은 A(2점) × A(2점) × A(2점) = 8점으로 만점이 된다.

이런 매장은 소위 말하는 대박매장이 되는 것이다.

3요소를 곱한 종합점수에 따른 구간별 매장의 오픈 후 예측평가는 아래와 같다.

구간별 매장 예측평가

점수구간	점수대	구간별 매장
F	1.5 이하	오픈해도 결국 철수한다
C	1.5 ~ 2.2	오픈하면 보통수준을 넘지 못해 계륵매장이 된다
B	2.2 ~ 3.3	오픈 후 양호한 매장이 가능하다
A	3.3 ~ 6.0	오픈 후 우수매장이 가능하다
AA	6.0 ~ 8.0	오픈 후 대박매장이 가능하다

이 구간들을 살펴보면 다른 구간은 오픈진행 여부를 판단하는 데 큰 어려움이 없어 보인다. 그러나 C구간은 다르다. 냉철히 분석하고 냉정히 평가해서 C구간은 오픈을 멈추는 것이 본사의 장기적 성장과 브랜드의 장수를 위해서 꼭 필요한 조치가 될 것이다.

모든 본사들은 C구간을 선별해 내는 데 총력을 기울여야 한다.

브랜드, 입지, 점장 각 항목별로 경쟁력을 체크하는 방법을 디테일하게 평가하기 위해서는 본사별로 많은 시간이 소요될 수 있지만, 통상 프랜차이즈 분야에서 일해 본 전문인력이라면 A, B, C의 수준 평가는 냉철하게 평가할 수만 있다면 어느 정도 수준까지는 가능한 일인 것이다.

일반적인 안목만으로도 대략적인 오픈 매장의 성공과 실패 예측평가를 가능하게 해주는 공식으로 활용 가능한 법칙이다.

프랜차이즈 법칙 7. 매장공식의 법칙

프랜차이즈 매장운영의 성패는 브랜드, 입지(상권 & 목), 점장(점주)의 세 가지 요소를 사전에 분석해보면 오픈 후를 예측할 수 있게 되는 법칙을 말한다.

한 개
브랜드의
법칙

제1부
프랜차이즈 사업

Chapter **8**

The Franchise Law
in the Korean Market

8

한 개 브랜드의 법칙

"아직 중소기업 규모이면서 브랜드가 많다고 자랑하는 기업은
아직도 프랜차이즈 사업 원리를 깨닫지 못한 것이다.
프랜차이즈 기업은 10개의 신규 브랜드론칭보다
1개 브랜드의 전국확산과 전국시스템구축에 집중해야
장수하는 성공기업이 된다."

옛날에는 무조건 자식이 많은 것이 자랑이던 시대도 있었다. 현대는 많은 수의 자식보다는 제대로 키워낸 성품 좋고 똑똑한 자식 한두 명이 더 귀하게 평가 받는 시대가 되었다.

한 명의 아이를 길러내는 데 너무 많은 노력과 비용이 드는 탓에 자녀가 많아 10명이라면 10명의 자녀 모두를 이 치열한 시대의 경쟁력 있는 괜찮은 아이로 키워내기 어렵기 때문일 것이다. 프랜차이즈도 마찬가지이다. 여러 개 브랜드가 중요한 것이 아니라 전국을 석권할 수 있는 똑똑한 브랜드 하나가 더 필요한 것이다.

고기프랜차이즈 중에 '신씨화로'를 이용해본 적이 있는가. 필자는 예전에 신씨화로를 즐겨 찾았었다. 메뉴구성도 나쁘지 않고,

인테리어도 깔끔해서 즐겨 찾았다.

홍대에 있었던 '춘산'이라는 이자까야가 있었는데 메뉴구성도 인테리어 분위기도 이자까야 업계의 선두브랜드인 와라와라나 피쉬앤그릴보다 경쟁력 면에서 뒤질 것은 없어 보였다.

종로에 있었던 '참이슬본가'는 숯불을 이용한 삼겹살과 다양한 안주를 제공하며 바(Bar)도 갖춘 형식의 괜찮은 분위기의 고깃집으로 자주 이용했다.

이 모두가 신씨화로와 동일한 회사 브랜드이다. 신씨화로는 이 브랜드 외에도 4~5개의 브랜드를 더 개발해서 론칭한 것으로 알고 있다. 그렇지만 일반인들이 알고 있거나 이용해 본 것은 신씨화로 정도일 것이다.

위에서 열거된 브랜드들의 경쟁력은 조금만 더 갖추어 나가면 전국확산이 가능하다는 것이 필자의 확신이었다. 그러나 신씨화로가 40여 개로 확장되었다가 현재는 수도권에 14개 정도 남아 있는 것으로 보이고, 나머지 브랜드의 매장 수도 미미한 정도로 확장되었을 뿐이다.

신씨화로 오너의 브랜드 개발능력은 탁월성을 가지고 있다고 평가하는 데 아무 문제가 없다. 국내에서 이 정도 수준의 개발 능력을 갖고 계신 분은 한 자리 숫자 수준으로 보여질 정도이다. 안타깝게도 이러한 탁월성에도 불구하고 신씨화로 본사 브랜드들의 프랜차이즈 전개의 확산력은 이러한 수준에 미치지 못했다.

왜 이런 현상이 나타나는 것일까?

여기에 또 다른 훌륭한 브랜드가 있다. 그것은 '새마을식당'이라는 맛있고 저렴한 고깃집이다.

돼지고기의 '후지'라는 뒷다리살을 이용한 고추장구이 고깃집인데 고기 마니아라면 한 번쯤 이용해 본 매장일 것이다. 가격도 저렴해서 1인분 8,000원 수준이고, 비벼 먹는 된장찌개도 가성비가 훌륭하다.

육류업에서는 소나 돼지를 도축 처리하면 언제나 그냥 두어도 없어서 못 파는 갈비, 갈비살, 등심과 같은 선호 부위와 해결처리에 몰두해야 하는 부위로 소는 우둔살, 돼지는 전지, 후지 등의 비선호 부위가 있다.

그런데 전지, 후지라는 돼지고기의 비선호 부위를 이용해서 업계고민도 덜어 주고, 비선호 부위라 가격도 저렴해서 서민을 위한 값싸고 맛있는, 나름의 인테리어 컨셉도 있는 훌륭한 고깃집을 개발한 것이다. 현재 180여 개의 매장이 운영되고 있다.

짬뽕 잘하는 집 '홍콩반점'을 가본 적이 있는가. 대부분 홍콩반점을 한 번쯤 이용해 봤을 것이다. 4,500원에 그런 짬뽕을 이런 고물가 시대에 고객에게 제공하는 것은 국민복지에 작게나마 기여하는 일이다. 군만두도 맛있고 탕수육도 가성비가 높아 이용고객의 반응이 좋은 집이다.

본가 갈비, 다정국수…. 지금 열거하는 브랜드 모두 새마을식당과 같은 회사의 브랜드인 것이다.

그런데 문제는 필자가 클라이언트의 요청으로 2010년대 초 새마을식당의 사업설명회에 참관하러 그 회사의 본사를 방문하면서 생겼다.

더본코리아 브랜드 및 매장수

(2016년 기준, 단위 : 개)

NO	브랜드명	매장수	NO	브랜드명	매장수
1	빽다방	507	13	대한국밥	4
2	홍콩반점	192	14	마카오반점	3
3	새마을식당	177	15	성성식당	2
4	한신포차	91	16	죽채통닭	2
5	역전우동	63	17	원키친	2
6	돌배기집	57	18	절구미집	1
7	본가	48	19	알파갈매기살	1
8	원조쌈밥집	40	20	해물떡찜	1
9	빽's비어	33	21	빽's돈까스	1
10	백철판	33	22	행복분식	1
11	미정국수	18	23	찜하다0410	1
12	빽's비빔밥	5			

자료 : 더본코리아 홈페이지

그 회사의 브랜드는 그 당시 모두 약 30개 가까운 숫자였다. 정말 놀랐다. 한 개인을 통해 이렇게 많은 브랜드가 론칭된 것도 놀라웠지만, 이 정도 규모의 회사가 약 30개나 되는 브랜드를 가지고 있는 것을 보고 우려되기 시작했다. 회사규모 대비 너무 많은 브랜드를 가지고 있어서 그 브랜드를 제대로 관리하는 것이 불가능하다는 생각이 들었기 때문이다.

최근에는 본사 오너가 유명인이 되어 매장들이 폭발적으로 많이 오픈되고 있지만, 프랜차이즈 사업의 핵심은 매장 숫자가 아니라 장수하는 데 있는 것이고 심지어 매출 3조 5,000억 원의 SPC그룹도 브랜드가 20개가 채 안 되는데, 최근 매출이 1,000억

원 달성도 아직 안 된 본사가 – 2010년 당시에는 더 작은 규모였지만 – 30개 가까운 브랜드를 운영하면서 가맹점주들이 계속 생존할 수 있는 장수브랜드가 되는 것은 어렵다고 보여졌다.

그렇다면 지금까지 열거한 두 개의 본사는 탁월한 브랜드를 여럿 가지고 있는 훌륭한 회사일 수 있는데 왜 여기서 소개된 것일까.

프랜차이즈를 두 가지 관점으로 보아야 한다. 수익성이 좋은 제대로 된 매장을 만들어서 직영으로 몇 개 운영하며 개인사업을 할 것인지, 아니면 전국적으로 가맹사업을 펼쳐서 기업으로 갈 것인지를 먼저 정해야 한다.

일단 가맹사업을 시작하면 능력부족으로 매장이 몇 개 못 나갈지라도, 가맹비를 내고 수억 원을 들여서 가맹한 가맹점주와 사업적 운명을 함께 하기 때문에 사업형태가 법인이건 아니건 사회적 책임을 갖는 기업이 된다. 그 본사의 오너를 위해서도 망하지 말아야겠지만, 오너를 넘어서 그 기업이 영속성을 가져야 하는 사회적 책임이 자동적으로 부여된다는 것이다.

필자는 프랜차이즈 전문가이기에 직영점을 몇 개 운영하는 개인적 사업이 관심 분야가 아니라, 언제나 가맹점이건 직영점이건 브랜드의 전국석권이 주관심사이고 프랜차이즈는 시스템 구축을 통한 기업적 확산이 사업적 과제이다. 때문에 필자는 이러한 관점에서 분석해 보고자 한다.

신씨화로 본사나 새마을식당 본사는 우수브랜드를 만들었지만 우수프랜차이즈는 아직은 아니라고 본다.

그럼 그 차이는 무엇인가. 개인의 역량 및 경험과 참여인력의 숫자에 따라 달라지지만 한 개의 브랜드가 론칭되기까지는 많은 직접비용과 기회비용이 포함되어 있기에 1호점이 론칭되고 매장이 나가기 시작하면, 운영방식과 수익구조, 물류구조에 따라 다르겠지만 중형 프랜차이즈는 가맹점만 따지면 최소 50~100개 이상이 되어야 기본적인 성과와 보상이 따르는 구조로 되어 있다.

신씨화로의 경우 전국 40개 정도의 매장이 나간 것이 이제 겨우 직영매장 3개를 운영하는 본사 사장님은 그 40개가 훌륭해 보이겠지만 이 브랜드를 만들기 위해 소요된 직접사업비, 시스템구축비용, 물류구축비용, 본사관리비용, 시행착오 시 손실금 등을 포함해서 계산하면 만드느라고 투자하고 고생한 것에 대비해 매우 미흡한 수준이다.

더 중요한 것은 보통 가맹점 40개 정도 수준으로는 본사관리비용을 유지하기 어려워 장수브랜드로 가는 것은 오너의 굳건한 의지만으로는 어렵다. 물론 수익성 좋은 직영점이 10개 정도 따로 있다면 이 문제는 별도의 얘기가 되겠지만, 신씨화로의 경우 매장수가 현재 정체되고 매장수가 일부 줄어들고 있는 것 같아 우려된다. 신씨화로는 장수해야 한다. 왜냐하면 필자도 신씨화로의 단골고객이었기 때문이다.

새마을식당도 규모는 훨씬 크지만 유사한 면을 갖고 있다. 새마을식당 매장 180여 개, 홍콩반점 120여 개, 한신포차 70개 수준이다. 나름 약진하고 있지만 30개 내외의 브랜드 중에 아직 전국을 모두 석권한 확실하게 검증된 브랜드가 없다는 문제를 안고 있다.

물론 최근에 폭발적으로 늘어나는 빽다방 브랜드의 약진은 긍

정적으로 지켜볼 필요가 있겠지만, 몇 년 안 된 브랜드는 프랜차이즈에서는 늘 신중할 수밖에 없다.

평가기준에 있어 우선되어야 할 것은 단순 매장숫자가 아니라, 시스템과 브랜드 장수이다. 몇 년 안에 수백 개 매장이 생기고 몇 년 안에 모두 다 사라지는 사례를 한국시장에서 무수히 보아왔기 때문이다.

더욱이 새마을식당은 단일 아이템구조의 사업이라 고객이 쉽게 식상해 할 수 있는 위험성을 가지고 있다.

본사 오너의 개인적 인지도가 워낙 높아져 있지만, 프랜차이즈는 개인적 인지도 위주의 사업은 장수하기 쉽지 않은 사례가 많은 만큼, 현재의 폭발적인 매장수의 증가가 얼마만큼 장수할 수 있을지는 신중히 지켜봐야 한다.

30개 브랜드를 모두 동시에 성장시키려는 방식은 잘못된 전략이다. 핵심 사업으로 적정 수를 정한 뒤 본사의 인력, 자금력, 마케팅력 모두를 집중해서 1~2개 브랜드를 전국의 해당상권에 모두 입점시켜서 전국적 프랜차이즈 시스템 구축을 먼저 해야 한다.

전체 회사 규모는 작다고 할 수 없지만 사업규모 대비 브랜드 숫자가 너무 많기 때문에 아직은 확고한 전국석권의 프랜차이즈 시스템을 구축하지 못한 부분들이 있다고 보여진다.

예를 들어 아버지 수입은 대기업 과장 수준인데 자식이 10명이면, 모두 유수한 대학에 진학시키는 것은 불가능한 것과 유사하다. 학원, 과외 다 필요 없는 공부벌레 수재들이 태어나지 않는 한, 교육투자를 제대로 할 수 없어 10명 모두 좋은 대학 진학은 불가능한 구조를 갖게 된다. 이런 경우 물론 자식은 내 맘대로 줄일 수 없지만, 자식이 하나거나 둘이라면 충분히 모두 좋은 대학에 진학 가능한 경제 구조이다. 프랜차이즈 브랜드도 마찬가지이다.

왜냐하면 외식이라고 해서 모두 다 동일한 시장접근과 마케팅이 이루어지지 않기 때문이다.

고기 브랜드냐, 밥 브랜드냐, 주점 브랜드냐에 따라서 영역별로 시장 트렌드가 다르기 때문에, 본사는 이런 아이템별로, 브랜드별로 서로 다른 시장에서 계속 생존하기 위해서는 그 분야의 연구와 개발이 심도 있게 계속되어야 하고 시장의 트렌드에 맞춰 마케팅 전략이 계속되어야 한다. 뿐만 아니라 가맹점주들의 성향도 달라서 수퍼바이저들의 매장관리 시스템과 방식도 다르고, 집중화해야 할 부분도 서로 다르다는 것을 항상 염두에 두어야 한다.

그러므로 수십 개의 브랜드를 동시에 경쟁력을 유지시키면서 제대로 관리하기란 불가능에 가까운 구조가 된다.

다음의 맥도날드 사례는 그런 면에서 시사하는 바가 크다.

28년 기자생활 동안 인상적인 일 중 하나가 미국 맥도날드 연구소 취재였다. 이 회사 초청으로 시카고 부근 연구소를 찾은 건 8년 전. 연구소에 도착하니 입구에 아무 표시도 없었다. "기밀 유지를 위해 간판을 달지 않았다"는 것이었다. 피식 웃음이 났다. "뭐 그리 대단한 비밀이 있다고."

하지만 내부를 둘러본 뒤 하찮게 여긴 자신이 부끄러웠다. 신제품 및 조리기구 개발에 상상 이상의 자금과 노력이 투여되고 있음을 본 탓이었다. 연구소의 최대 관심은 조리시간 단축이었다. 한 연구원이

새 조리기구를 소개하며 "감자튀김에 소금 뿌리는 시간을 획기적으로 줄였다"고 강조한 것도 이런 이유에서였다.

실제로 맥도날드의 성공 비결은 '맛'이 아닌 '신속함'에 있었다. 2000년대 중반까지 맥도날드에는 '90초 룰'이 존재했다. 90초 내에 주문을 처리해야 한다는 원칙이었다. 그랬던 게 5~6년 전부터는 60초로 줄었다. 컴퓨터 단말기 보급으로 처리 시간을 확 단축할 수 있었다. 결국 맥도날드 못지않게 맛난 업체는 적지 않지만 여기만큼 균질한 햄버거를, 1분도 안 돼 내놓는 경쟁자는 없었던 거다.

출처 : 중앙일보, 2016. 07. 26

1954년 설립한 맥도날드는 전세계 119개 국가에서 약 3만 5,000여 개의 매장을 운영하고 있으며, 종업원수도 190만 명에 달한다. 2015년 28조 5,000억 원의 매출을 기록한 세계 최고의 프랜차이즈 브랜드이다.

이러한 맥도날드가 브랜드가 수십 개라서 세계적인 기업으로 60~70년을 생존한 것은 아닌 것이다.

교촌치킨도 치킨 1개 브랜드로 연매출 2,576억원(2015년 기준)에 폐점율 0%에 가까운, 가맹점 모두가 본사를 신뢰하는 기업으로 성장한 훌륭한 브랜드다.

이디야 커피도 커피 1개 브랜드로 연 매출 1,355억원(2015년 기준)으로 폐점이 거의 없는 우수 브랜드로 커피시장을 석권해 가고 있다.

물론 한 기업이 한 개 브랜드만을 운영해야 된다는 것은 아니다.

다만 단순히 운영 브랜드의 숫자만으론 자랑이 될 수 없다. 사업규모에 걸맞는 브랜드 숫자를 유지함이 장수하는 우수한 프랜차이즈 전략이다.

한 예로 경복궁, 삿포로, 고구려로 유명한 엔타스 외식그룹이 있다. 전국에 200~300평 규모로 100여 개의 가든형 초대형 매장을 모두 직영으로 운영하는 본사인데, 본사 매출규모는 새마을식당 본사의 몇 배가 넘는 국내 최고의 우수한 외식 대기업이다. 그런데도 운영브랜드는 모두 10여 개 수준에 지나지 않는다.

브랜드를 만들어낼 능력이 없어서가 아니라 기업이 충분한 관리와 마케팅의 힘을 발휘할 수 있는 수준에서 적정숫자를 유지하고 있는 것이다.

그렇다면 왜 이런 구조가 생겨날까? 그것은 넘치는 능력과 열정 때문이다. 우선 브랜드를 개발하는 분들은 창의적 능력과 끼가 넘쳐나고 아이디어가 솟구치는 특징이 있다. 일반인에게는 없는 드물게 귀한 능력이다. 그런데 기업적 관점에서 보면 힘조절과 사업적 절제가 잘 안 되는 경우이다.

새로운 생각이 솟구치니 표현하고 싶고 멋지게 만들어서 본인 스스로는 물론이고, 주변 지인들에게 창의성을 검증받고 싶은 욕구를 여과 없이 표현하다 보면 사업규모의 적정성을 넘는 과도한 숫자의 브랜드가 탄생하게 된다.

새로운 브랜드 론칭 때는 워낙 탁월한 창의성이 있으니까 모두의 찬사를 받는 브랜드가 나올 수 있을지 모르지만, 프랜차이즈 사업과 장수 프랜차이즈 본사를 만들기 위해서는 적정수의 브랜드만 가지고 가야 한다.

또 한 가지 특징은 이렇듯 창의성이 넘치는 분들은 프랜차이즈 시스템을 구축하기 위해 필요한 영업력, 관리력, 체계적인 시스템, 체계적인 조직 장악력 등을 동시에 모두 겸비한 경우가 매우 드물기 때문에, 이런 분야의 우수인력을 어떤 식으로든 충분히 확보해야 프랜차이즈사업이 더 크고 견고하게 장수할 수 있는 국내 최고의 기업, 더 나아가 세계적 수준의 기업이 될 수 있을 것이다.

한국시장은 미국시장, 일본시장 대비 규모가 작은 것은 사실이다. 그래서 모두가 다 프랜차이즈 사업의 성장을 위해선 다⁺ 브랜드전략을 외치고 있는 실정이다. 그렇다고 다⁺ 브랜드 전략이 틀렸다는 얘기는 아니다.

그러나 제대로 된 한 개 브랜드의 위력은 어설픈 10개 브랜드

한 개 브랜드로 전국을 석권한 우수 브랜드

(단위: 개점, 억 원)

구분	브랜드	회사	가맹사업 시작일	매장수			매출
				가맹	직영	계	
외식업	이디야	(주)이디야	2001. 08	1,577	7	1,584	1,355
	롯데리아	(주)롯데리아	1980. 07	1,167	125	1,292	9,601*
	배스킨라빈스	비알코리아(주)	1987. 03	1,118	78	1,196	5,202*
	본죽	본아이에프(주)	2002. 12	1,190	0	1,190	1,433*
	교촌치킨	(주)교촌에프앤비	1994. 06	1,006	0	1,006	2,576
	도미노피자	청오디피케이(주)	1990. 10	319	98	417	1,954
	파리바게뜨	(주)파리크라상	1988. 09	3,316	39	3,355	1조 7,277*
	스타벅스	(주)스타벅스코리아	1999. 07	0	850	850	7,739
판매업	CU	(주)비지에프리테일	1990. 10	9,312	97	9,409	4조 2,576
	다이소	(주)다이소아성산업	2001. 09	361	687	1,048	1조 493
	미샤	(주)에이블씨엔씨	2003. 08	320	394	696	4,079*
	알파	(주)알파	1989. 12	626	8	634	1,266*
	올리브영	(주)CJ올리브네트웍스	2010. 12	398	154	552	1조 558*
	초록마을	(주)초록마을	2002. 11	336	93	429	2,114

자료 : 공정거래위원회(2015)
※ 스타벅스 : 금융감독원(2015)
※ * : 회사전체 매출

보다 엄청나다. 한 개 브랜드로 전국을 석권하고 중견기업을 넘어 대기업이 될 수 있고, 세계시장 공략을 통해 글로벌 기업도 될 수 있다. 한 개 브랜드의 경쟁력이 맥도날드나 파리바게뜨처럼 어느 수준까지 도달하느냐가 관건인 것이다.

한 개 브랜드에 좀 더 집중해야 한다. 어설프게 여러 브랜드를 만드는 일에 시간분산, 인력분산, 기회분산하지 말고, 여기까지 온 우리의 브랜드가 더 높은 경쟁력과 시스템을 가질 수 있도록 집중을 해야 한다.

그리고 R&D비용을 아까워해서는 안 된다. R&D비용을 그냥 새는 돈이라고 아까워하거나, 신규사업비용은 혹시 모를 대박을 안겨줄 아깝지 않은 투자라는 식의 상반된 생각을 버려야 한다. 30초를 단축하기 위해 연구소를 운영하는 맥도날드는 아니더라도 연구개발비, 시장조사비, 시스템구축비에 더 투자해서 한 개 브랜드를 더욱 강하게 더욱 강력하게 만들어서 장수브랜드가 되어야 한다.

장수브랜드는 고객은 물론 가맹점주, 직원, 오너 그리고 관계 하청회사까지 모두를 행복하게 유지시켜주는 프랜차이즈의 사회적 책임의 핵심인 것이다.

프랜차이즈 법칙 8. 한 개 브랜드의 법칙

여러 개 브랜드를 동시에 성장시키는 다*브랜드 전략이 아닌 한 개 브랜드에 먼저 집중하는 전략으로, 전국석권을 통해 인력과 자금과 시스템을 구축한 다음, 다른 브랜드도 이미 갖추어진 인프라와 검증된 프랜차이즈 시스템으로 확장할 때 사업의 효율이 높아지는 법칙을 말한다.

The Franchise Law
in The Korean Market

프랜차이즈
상권

프랜차이즈 사업의 핵심 중 핵심은 역시 상권에 있다. 상권전략을 어떻게 구사하느냐에 따라서 브랜드의 사활이 걸려 있다고 해도 과언이 아니다.

한국시장의 프랜차이즈 상권은 예전부터 오랫동안 서서히 형성되어서 변화가 거의 없는 일반상권과 갑자기 만들어지거나 급격하게 없어질 수도 있는 특수상권으로 나뉜다.

일반상권이 상수라면 특수상권은 변수이다. 프랜차이즈 일반상권은 아이템에 따라 대형 프랜차이즈, 중형 프랜차이즈, 소형 프랜차이즈가 정해지면 거의 모든 해당상권에 입점이 가능하다. 그러나 프랜차이즈 특수상권은 다르다. 몰(Mall)과 같은 대형 특수상권은 그 수가 아직 10개 내외의 극소수인 반면, 주상복합빌딩 같은 소형 특수상권은 그 수를 파악하기 어려울 정도로 전국에 수백 개 그 이상으로 넘쳐 난다. 그래서 상권전략에서 그 중요성이 낮다.

반면 중형 특수상권은 대학 상권, 백화점 상권, 대형마트 상권, 역-터미널 상권, 아파트단지 상권, 고속도로휴게소 상권의 6개 상권으로 입점가능한 상권의 수가 명확히 있으며, 동일한 중형 프랜차이즈라도 6개 상권별 입점가능 여부가 아이템의 특성에 따라 극명하게 나뉜다.

프랜차이즈 사업의 꽃이라고 일컫는 중형 프랜차이즈 사업에서는 상권전략이 가장 까다롭고 어려운 것이다. 일반상권과 특수상권의 정확한 입점전략을 수립해야 단계적 확산을 통해 전국을 석권하고 오랫동안 장수하는 우수 브랜드가 만들어질 것이다.

상권결정의
법칙

제2부
프랜차이즈 상권

Chapter 9

The Franchise Law
in the Korean Market

9
상권결정의 법칙

"프랜차이즈는 상권을 잘못 결정하면
마케팅을 비롯한 다른 모든 전략이 우수해도
결국 실패한다."

우리 주위에서는 '장사는 목이라는데 목만 좋으면 됐지 상권이
야 대충 알아서 들어간 후, 좋은 목에서 열심히 장사해서 매장이 성
공하면 되지 않겠는가' 하는 생각을 갖는 경우를 많이 보게 된다.

하지만 그것은 매우 위험천만한 생각이다. 같은 업종이라도 입
점해야 하는 상권이 다르다. 예를 들면 학원이라도 보습학원은
소형상권이 가능하지만, '정철주니어어학원' 같은 학원은 중형
프랜차이즈 상권에 입점해야 하고, '시사영어사' 같은 학원은 대
형상권에 입점해야 한다.

그리고 프랜차이즈 현장에서 반복되는 실수 중의 하나가 소형
'매장'은 소형'상권'에 입점해도 괜찮다는 생각이다. 특히 일본라

멘 전문점들은 5~6평의 소형이다보니 소형상권이나 중형상권에 입점을 많이 시켰지만, 대부분 망하고 말았다. 돈가스 메뉴 등을 추가하고 퓨전화시키면서 생존의 길을 찾기도 했지만, 일본처럼 라멘만 파는 스타일의 라멘전문점들은 소형매장이라도 대형상권에 입점해야 생존이 가능하다.

프랜차이즈 매장의 입점 전략은 매장 크기가 같아도 아이템의 특성, 브랜드의 특성에 따라 입점해야 하는 상권이 대형상권, 중형상권, 소형상권으로 달라져야 한다.

그렇다면 왜 같은 사이즈의 매장이라도 입점 상권이 각기 달라야 하는 걸까?

그 기준은 무엇일까? 그 기준이 수학공식처럼 딱 떨어질 수는 없으며 매우 다양해서 케이스 바이 케이스case by case로 접근해야 하는 경우도 있지만, 상권입점에는 다음 두 가지 주요 기준이 적용된다.

첫째, 고객층이다. 이 고객층이 얼마나 넓으냐 하는 점이다.

같은 15~25평 규모의 소형매장이라고 해도 일반식당은 직장인, 학생, 주부 등 다양하고 매우 넓은 고객층이지만 15~25평 규모의 이태리 레스토랑의 주 고객은 거의 20~30대 젊은 층에 국한되므로 고객층은 좁은 편이다.

둘째, 구매주기(혹은 이용주기)이다. 이 구매주기에 따라 상권이 결정된다.

다음과 같이 25평으로 같은 규모의 점포 두 개가 오픈을 준비 중이라고 할 때 그 점포의 상권입점이 어떻게 다른지 아니면 동일한지를 살펴보도록 하겠다.

두 매장 모두 25평의 소형 규모의 매장이라고 볼 때 두 매장다 동일한 상권에 입점할 수 있지 않을까 생각될 수도 있다. 과연 그럴까?

A점포(25평)		B점포(25평)	
이태리 레스토랑		일반식당	
— 메 뉴 —		— 메 뉴 —	
① 이탈리아 스파게티	12.000원	① 백 반	6,000원
② 안심 스파게티	13.000원	② 김치찌개	7,000원
③ 해산물 파스타	15,000원	③ 순 두 부	7,000원
④ 마르게리따 피자	18,000원	④ 제육볶음	8,000원
객단가	15,000원 내외	객단가	7,000원 내외

우선 25평 규모의 일반식당부터 분석해보자.

일반식당(B)의 경우 위와 같이 평균 객단가 7,000원 정도로, 1일 100명 정도의 고객이 입점하면 70만 원의 일매출을 낼 수 있다. 일반 소형식당은 일매출 70만 원 이상이면 쉽게 손익을 넘기고 수익확보가 가능하다.

일 70만 원×30일=월 2,100만 원 매출이면 식재료, 임대료, 인건비 빼고 월 400~500만 원의 순수익이 가능하다.

마찬가지로 25평 규모의 이태리 레스토랑(A)의 경우도 100명 정도의 고객이 매일 찾아주면, 객단가를 15,000원으로 볼 때, 일매출 150만 원을 올릴 수 있다.

이태리 레스토랑(A) 역시 일매출 150만 원×30일=4,500만 원으로 식재료비, 임대료, 인건비, 기타경비를 제외하면 700~900만 원 내외의 월 순수익이 가능하다.

그렇다면 이 두 매장이 매일 100명의 고객으로만 채워지면 두 매장의 경영은 성공하게 된다. 외식 매장 방문 고객은 소위 '단골'이라고 하는 고정고객과 지나는 길에 한 번 이용해 보는 '뜨내기'라고 말하는 유동고객이 있다. 그렇다면 이 두 매장 모두 매일 100명을 채울 수 있는 단골(고정고객)만을 확보해 놓으면 그날그날 달라지는 뜨내기(유동고객)의 입점에 촉각을 곤두세우지 않고 안정된 매장운영을 할 수 있으므로 단골(고정)고객 확보를 사업의 주안점으로 삼아야 한다.

외식업은 터미널이나 역 앞과 같은 특수한 상권, 특수한 아이템을 제외하고는 대부분 최소 60~80% 이상의 단골(고정고객)로 영업이 이루어진다.

25평의 일반식당은 몇 명의 고정고객이 확보되어야 매일 100명의 고객으로 가득 채울 수 있을까?

일반적으로 직장인의 경우를 기준으로 보면 한 개의 식당을 매일 이용하는 경우는 드물고 회사 근처에 자주 가는 식당은 보통 3~4개이다. 그리고 그 식당들을 2~3일 또는 3~4일 주기로 한 번씩 방문하는 고객이 대다수이다. 그러므로 이런 친근한 한식메뉴의 일반식당은 통상 3~4일에 한 번 꼴로 매장방문이 이루어진다고 볼 때, 이 25평의 일반식당은 약 300~400명의 단골(고정고객)만 확보해 놓으면 매일 고정고객(단골)만으로도 100명의 고객을 채울 수 있다.

거기다 지나가는 유동고객까지 더해준다면 월 400~500만 원 수익으로 안정적인 점포운영이 가능하다. 그럴 경우 보통 1억 원 내외의 투자비로 시작 가능한 이 일반식당 창업자는 대체로 만족한다. 보통 손맛 좋은 아주머니들이 5천만~1억 원 내외의 비용에서 식당을 창업하는 사례가 많다.

그렇다면 25평의 이태리 레스토랑은 몇 명의 고정고객이 확보되어야 매일 100명의 고객으로 가득 채울 수 있을까?

이태리 레스토랑의 메뉴는 젊은 세대가 선호하는 메뉴 중 하나이고 패스트푸드매장에서 3,000~4,000원 정도하는 오븐 스파게티의 이용도 많아지고 있지만, 여기서는 그런 종류의 간이 스파게티가 아니라 파스타, 와인, 피자 등을 어느 정도 퀄리티있고 다양하게 취급하는 이태리 레스토랑을 기준으로 보았다.

1년에 한두 번씩 찾는 고객층도 있고 한 달에 한두 번 찾는 고객층도 있다. 중가의 이태리 레스토랑의 평균 방문주기는 상권과 목에 따라 또 주변지역에 따라 달라지지만, 평소에 파스타, 피자를 자주 먹는 일반적인 주기가 아니라 동일매장의 방문주기이므로 그 기간은 더 길어진다. 설문조사를 해보면 평균 3~4주에 1번 정도이다. 즉 20~30일 정도를 주기로 방문한다고 보면 매일 100명의 고정고객으로 채우기 위해서는 약 2,000명에서 3,000명의 단골(고정고객)을 확보해야 한다.

그러면 적어도 2~3억을 투자해야 하는 이태리 레스토랑에서 월 4,500만 원 내외의 매출에서 월 700~900만 원 정도의 수익을 올릴 경우, 창업자들은 대박은 아니어도 대체로 만족하는 수준이 된다.

이와 같이 같은 25평의 소형 매장이라도 일반식당은 300~400명의 고정고객이면 충분하므로 소형상권에 입점해도 그 고객수 확보가 충분히 가능하지만, 같은 평수(25평)의 소형 매장이라도 이태리 레스토랑은 그 8~10배에 해당하는 2,000~3,000명의 고정고객을 확보해야 생존이 가능하다.

더욱이 일반식당은 누구나 이용하는 고객층이 넓은 아이템이지만, 이태리 레스토랑의 이용고객층은 20대, 30대 위주이며 여성 고객이 많은 특성상, 고객층도 좁다. 그러므로 일반식당처럼 소형상권에 입점하면 결국 확보 가능한 고객수의 부족으로 망할 수밖에 없는 구조가 된다.

그러므로 소형상권보다 훨씬 더 고객이 많이 포진되어 있는 중형상권에 입점해야 충분한 고정고객 확보가 가능하다.

실제로 이태리 레스토랑 프랜차이즈들은 현재의 고객수요와 이용빈도 등을 종합해볼 때 매장규모가 25평 내외의 소형 사이즈일지라도 중형상권에 입점해야하는 중형 프랜차이즈로 전개될 때 안정적으로 성공할 수 있다.

마찬가지로 베트남 쌀국수 전문점들도 20년 전의 국내 진출 초기에는 수요가 거의 없어 고객이 많이 포진되어 있는 대형상권에 입점하는 대형 프랜차이즈로 접근해야 살아남을 수 있었다. 현재는 점차 그 수요가 많이 늘어나 중형상권에 입점하는 중형 프랜차이즈의 접근도 가능하다. 그러나 아직도 베트남 쌀국수 매장이 15~30평의 소형이라도 소형상권에 입점하는 것은 불가능하다.

통상 외국에서 들어오는 외식 단일 아이템 전문점들, 특히 간식이 아닌 주식으로 접근되는 외국 외식 전문점들은 대부분 대형 상권에 입점해야 한다. 대중적 수요가 많아지고 이용이 보편화되면 그 다음 단계로 중형 프랜차이즈로서 중형상권 입점이 가능하겠지만 초창기에는 대형상권으로 입점해야 승산이 있고 안정적으로 성공할 수 있다.

이와 같이 프랜차이즈는 매장의 크기로 상권이 결정되는 것이 아니라 고객층, 구매주기를 기준으로 상권이 결정되어야 하며, 상권을 잘못 선택하면 판촉과 마케팅 등 모든 것을 동원해도 결국 매장운영은 실패하게 된다.

그러므로 프랜차이즈 본사는 어떤 브랜드(혹은 아이템)를 가지고 그 브랜드에 맞는 어떤 상권에 입점할지를 결정하느냐에 따라 사업의 성패가 달라진다. 본사에서 내리는 상권전략의 결정이 향후 매장이 전국으로 확산되며 성공하는 브랜드로 갈지 잠시만 반짝하다 사라지는 브랜드가 될지를 결정한다고 볼 수 있다.

이처럼 프랜차이즈 사업에는 상권전략이 가장 중요하다.

프랜차이즈에는 대형, 중형, 소형이 있는데 그 분류에 따라 입점해야 할 상권이 각각 정해져 있다. 상권입점을 잘못하면 아무리 매장 프로모션을 진행하고 마케팅을 펼쳐도 아무 의미가 없다. 대형 프랜차이즈는 대형 일반상권과 대형 특수상권에, 중형 프랜차이즈는 중형 일반상권과 중형 특수상권에, 소형 프랜차이즈는 소형 일반상권과 소형 특수상권에 입점해야 성공할 수 있다.[+]

[+] 유재은, 한국시장의 프랜차이즈 전략(2000년).

한국시장의 프랜차이즈 상권 분류

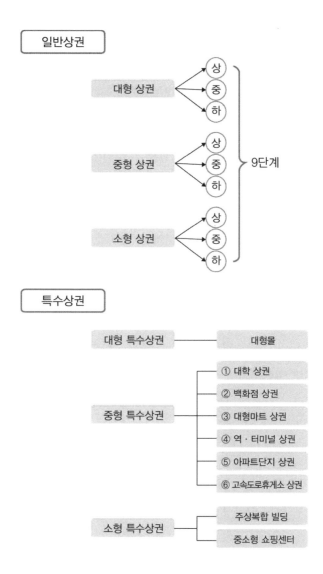

자료: 유재은 프랜차이즈 전략연구소

여기서 중요한 문제는 두 가지다. 첫째는 있는 프랜차이즈를 대형, 중형, 소형 프랜차이즈 중 어느 것에 해당하는지를 정확하게 분류할 수 있는 본사의 능력이 기본적으로 필요하다는 것이다. 둘째는 상권을 대형, 중형, 소형상권 그리고 특수상권으로 분류하여 자기 브랜드에 맞는 점포를 개발하고 상권을 분석하여 매장 입점을 정확히 결정하는 본사의 능력이 필요하다는 것이다. 이러한 본사의 능력을 프랜차이즈 상권분석시스템이라고 한다. 대기업인데도 상권분석팀을 회장직속팀으로 오랫동안 운영해온 이랜드그룹의 성공사례에서 보듯이 매우 중요한 시스템이다. 이처럼 상권입점의 기준을 세우고 분석하여 입점 여부를 최종결정하는 상권전략은 프랜차이즈 사업의 핵심적 성패를 결정한다.

프랜차이즈 법칙 9. 상권결정의 법칙

자신의 브랜드가 어느 프랜차이즈에 해당되고 어느 상권에 들어가야 하는지를 정확히 분석하지 못하고 잘못 결정하면, 다른 마케팅이나 사업전략이 아무리 우수해도 결국 실패하게 되는 법칙을 말한다.

대형
일반상권의
법칙

The Franchise Law
in the Korean Market

10

대형 일반상권의 법칙

"매장이 크다고 해서 대형상권에 입점하는 것이 아니라
매장이 작아도 대형 일반상권에 입점해야만
생존할 수 있는 브랜드가 있다."

대형 일반상권[+]의 특성은 유명밀집번화가라는 데 있다. 서울의 명동상권, 신촌상권, 종로상권, 홍대상권, 강남역상권, 신천상권 등과 부산의 서면상권, 남포동상권 등이 있고 춘천의 명동상권, 대전의 유성상권, 전주의 중앙동상권, 광주의 충장로상권 등과 같은 밀집번화가로 형성된 상권을 말한다.

한국시장에는 100여 개의 프랜차이즈 대형 일반상권들이 있다.

대형상권에 입점해야 하는 아이템은 다음 네 가지 특징을 가지고 있다.

+ 유재은, 한국시장의 프랜차이즈 전략(2000년).

첫 번째는 구매주기가 긴 아이템이 해당된다. 외식기준으로 보면 1~2개월 정도의 구매주기를 가진다. 두 번째는 고객층이 일반인이나 대중화되지 않은 특수계층을 타깃으로 하는 아이템이 여기에 해당한다. 세 번째는 주로 High-End Market(고급시장)의 아이템이다. 네 번째는 국내수요가 적어 이제 막 시작하는 아이템들이다.

이런 특징들을 가지고 있는 아이템이나 브랜드는 대형상권에 입점해야 한다. 외식업 프랜차이즈 기준으로 보면 다음과 같다.

첫째, 패밀리 레스토랑이다. 아웃백스테이크하우스, 빕스, TGI, 애슐리, 세븐스프링스 등이 있다.

둘째, 외국 패스트푸드의 초기 전개 시에 이 대형상권에 들어간다. 맥도날드, KFC, 버거킹 등이다.

셋째, 외국 음식으로서 단일 아이템 취급 전문점들이 이 대형상권에 입점해야 한다. 인도음식 전문점, 일본라멘 전문점, 바닷가재 전문점 등이다.

대형상권의 매장입점방식을 좀 더 살펴보면 다음과 같다.

외식업에서는 TGI, 아웃백스테이크하우스, 빕스, 세븐스프링스 등과 같은 패밀리 레스토랑들은 1개 대형상권에 1개 매장씩 입점해야 생존하고 장수할 수 있다.

외국 패스트푸드 초기 전개 시 맥도날드, KFC, 버거킹, 하디스, 웬디스 등이 여기에 해당된다. 패스트푸드 매장의 경우 현재 중대형으로 전개하고 있는 외국계 브랜드 매장이 초기 전개 시에는 대형 일반상권 위주로 중대형매장(최소 50~100평 규모 이상)을 입점시키면서 전개했었다.

그렇지만 대형 일반상권에 100개 내외의 매장이 거의 오픈될 무렵부터 그 다음단계로 중형상권을 공략하게 되며 이때의 매장은 규모를 좀 줄여서 중형매장(40~50평 내외)으로 전개되어도 충분히 입점 후 성공이 가능하다.

패스트푸드는 아니지만 스타벅스도 매장전개에 있어서는 비슷한 사례에 해당된다.

사업초기에는 미국, 일본 스타벅스와 달리 명동의 4층건물에 통째로 입점하는 등 80~150평의 중대형 매장을 대형 일반상권 위주로 입점하다가 고객층과 인지도가 높아짐에 따라 40~50평 규모의 중형 사이즈로 전환해서 중형 일반상권과 중형 특수상권까지 확장해서 입점시켜 왔다.

외국 외식단일 아이템으로는 인도음식전문점, 그리스음식전문

서울 주요 대형 일반상권(예)

(입점매장수)

No	지역	상권명	패밀리 레스토랑		카페		아이스 크림	중형 주요 브랜드			화장품	
			아웃백	빕스	스타벅스	커피빈	배스킨라빈스	맥도날드	피자헛	와바	이니스프리	더페이스샵
1	강남구	강남역	0	1	8	9	5	2	0	4	6	3
2	강북구	수유역	0	0	2	1	2	1	1	2	1	1
3	마포구	홍대	1	1	9	3	3	2	1	2	4	4
4	중구	명동	1	1	9	3	0	2	0	1	9	8
5	종로구	종각	0	1	6	3	1	1	1	0	2	2
6		대학로	0	1	5	3	3	2	1	1	2	2
7	강동구	천호역	1	0	4	0	1	0	0	1	2	4
8	관악구	신림역	0	0	4	1	2	1	1	0	2	2
9	노원구	노원역	1	0	2	0	2	0	0	0	2	3
10	광진구	건대역	0	0	3	1	1	0	1	0	4	3

자료 : 유재은 프랜차이즈 전략연구소(2016)

점, 랍스타전문점 등이 바로 이에 해당되는 아이템들이다.

이러한 아이템들은 고객층이 적고 평균 구매주기가 매우 길기 때문에 생존에 필요한 고객층을 확보하기 위해서는 대형상권을 선택하지 않으면 안 된다. 오픈 초기에는 오픈 영향력으로 북적댈 수 있지만 1년, 2년 계속해서 매장 운영을 지속하기는 어렵다. 이때 매장 크기는 중형규모 또는 중소형규모가 유리한 면이 많다.

그렇지만 대형 일반상권이 갖는 높은 권리금과 임대료에 손익을 맞추기 위해선, 평수에 따른 전체 좌석수가 매출의 최대치를 좌우하는 외식의 사업적 특성을 감안할 때 매장규모가 중대형화를 지향할 수밖에 없다.

또 이런 종류의 아이템은 국내에서 얼마만큼 일반 소비자들 사이에 빠르게 뿌리내릴 수 있는지에 따라 중형 프랜차이즈로 확산 전개 가능 여부가 결정되게 된다.

그 예로 파스타전문점과 베트남쌀국수전문점을 들 수 있다. 이런 아이템들은 국내도입초기인 10~20년 전에는 이용고객이 많지 않아 대형상권에 입점해서 고객을 확보하기 시작했다. 이제는 고객층이 넓어지고 고객들의 이용빈도도 많아지면서 중형상권 위주로 입점하면서 운영되고 있다.

우리나라는 주식인 '밥' 위주의 보수적 성향이 매우 강한 탓에 간식이 아닌 주식에 해당하는 이런 아이템들은 완전히 대중화되어야만 전개가 가능한 소형 프랜차이즈로까지 확산될 가능성은 거의 없다.

그러나 피자의 경우는 예외이다. 대형 프랜차이즈에서 시작해서 중형 프랜차이즈를 지나 소형 프랜차이즈로 확산 발전된 케이스이지만, 피자는 주식이 아닌 간식 개념으로 우리나라에서 고객층을 넓혀온 아이템이기에 주식으로 접근하는 아이템과 동일시할 경우 잘못된 판단을 내릴 위험이 있다.

피자는 이탈리아의 빈대떡인 셈인데 빈대떡으로 한 끼 때울 수는 있다 해도 빈대떡은 우리나라에서 간식이지 주식은 아니다. 떡볶이와 순대로 한 끼 식사를 할 때가 있지만, 떡볶이와 순대는 엄연히 주식이 아니라 간식이듯이 말이다.

다음으로 판매업 프랜차이즈를 살펴보자.

우선 백화점, 대형마트 등은 대형상권에 입점하는 대형 프랜차이즈로 전개되어야 한다. 그런데 여기서 짚고 넘어갈 것이 있다. 그것은 같은 백화점이라도 주 공략 고객층이 다르고 매장 마케팅이 각기 다르며 그에 따라 매장규모도 다르다. 롯데백화점의 운영모토중 하나는 "롯데에 오면 없는 게 없다"이다. 실제로도 롯데의 상품 구성폭은 타 백화점을 앞선다. 그러므로 매장은 가능한 한 초대형 크기를 지향한다.

이런 초대형 백화점을 국내에 100개씩 오픈할 수는 없다. 모두 전개되어도 이보다는 적은 수인 최대 40~50개 내외에서 머무를 것이다.

호텔체인도 마찬가지이다. 호텔 자체는 대형 프랜차이즈도 중형 프랜차이즈도 아니다. 총 객실수에 따라 어떤 규모로 개장해가느냐에 따라 달라진다.

신라호텔과 같은 초특급 호텔이 국내에 세워질 수 있는 상권은 현재 서울, 부산, 제주도 정도이다. 하지만 신라호텔이 99년부터

이마트 매출과 점포수

(단위 : 개, 억 원)

구분	매장수	매출액
1993년	1	30
1994년	2	660
1995년	4	1,711
1996년	6	3,099
1997년	9	6,968
1998년	14	11,354
1999년	20	22,684
2000년	28	35,018
2003년	60	58,038
2005년	83	66,127
2007년	108	84,716
2008년	119	86,238
2009년	122	100,761
2010년	125	108,760
2011년	131	109.390
2012년	138	127,073
2013년	140	123,498
2014년	141	124,046
2015년	146	128,337

자료 : 금융감독원(2016)

프랜차이즈 전개를 시도했던 '지오랏지'라는 호텔은 비즈니스급 호텔로 국내에 100여 개 정도의 호텔 개설을 목표로 프랜차이즈 사업을 진행하려다 당시 체인 사업의 부정적 이미지를 우려한 이 건희 회장에 의해 사업이 중단된 사례가 있다. 그러나 최근 신라 호텔에서는 다시 지오랏지와 비슷한 컨셉의 '신라스테이'라는 비 즈니스호텔을 수년전부터 오픈하기 시작해서 이 호텔을 전국 주 요 대도시에 확장하고 있다. 이와 같이 동일 아이템이라 해도 여러 가지 요소를 감안해야 하며 일률적으로 적용할 수는 없다.

서비스업 프랜차이즈의 경우를 살펴보면 다음과 같다.

학원 중에서 대형 전문학원은 시사영어사학원, YBM어학원 등이 있고 어린이 놀이센터인 짐보리가 있다. 이런 종류의 아이템은 대형상권에 입점하는 대형 프랜차이즈로 전개되어야 한다.

학원 프랜차이즈사업 중 정철주니어어학원과 같은 일반인 어학중심이 아니라 학생들을 상대로 한 학원 형태로 전개한다면 중형 프랜차이즈로 전개될 수 있지만, 어학 중심의 체계적 학원은 대형 프랜차이즈로 전개해야 안정적으로 성공할 수 있다.

대형 일반상권에 입점해야하는 브랜드

구분	브랜드
외식업	패밀리 레스토랑(아웃백, 빕스, TGI, 애슐리 등) 인도음식 전문점, 그리스음식 전문점
판매업	백화점(현대백화점, 롯데백화점, NC백화점) 대형마트(이마트, 홈플러스, 롯데마트)
서비스업	영어학원(파고다 어학원) 영유아 놀이교육 프로그램(짐보리)

자료 : 유재은 프랜차이즈 전략연구소

특기할 만한 것 중 하나는 미용실이다. 미용실은 대형 프랜차이즈, 중형 프랜차이즈, 소형 프랜차이즈 모두 전개가 가능하다.

영국브랜드인 토니앤가이나 프랑스 브랜드인 쟈끄데상쥬 미용실은 중대형화된 매장(70~100평 이상)에서 미용전문시설을 갖추고 운영되어 왔기에 진출 초기에는 대형 프랜차이즈의 전개가 필수적이라 할 수 있었다. 그러나 최근에는 매장을 중형화(30~50평 내외)하면서 중형상권에도 입점시키고 있다.

그리고 박철헤어커커와 박준뷰티랩과 같은 프랜차이즈도 30~50평 내외의 크기로 매장을 전개해 오고 있어 중형 프랜차이즈에 해당한다.

반면 블루클럽과 같은 남성전용 중저가 미용실은 5~10평 내외의 소형매장으로 매장을 전개하고 있어 소형상권에 입점하는 소형 프랜차이즈로 전개될 수 있다.

미용실을 기준으로 분류하면 다음의 표와 같다.

대형·중형·소형 다양한 전개가 가능한 사례 ─ 미용프랜차이즈

구분	평수	비고
대형 프랜차이즈	70~100평 이상	피부미용 등 전문시설갖춤
중형 프랜차이즈	30~50평 내외	
소형 프랜차이즈	5~10평 이내	

자료 : 유재은 프랜차이즈 전략연구소

미용실과 같이 운영매장의 크기가 대형, 중형, 소형 상권입점 결정의 주 요소가 되는 경우도 있지만, 라멘 전문점, 인도음식 전문점 등 단일 외식 외국 아이템은 소형 규모의 매장이라도 대형상권에 입점해야 하는 경우도 있어 프랜차이즈 매장의 전개 기준이 단순하지 않다. 그러므로 아이템과 브랜드의 특성 그리고 시기적인 고객접근성 등을 잘 분석하여 상권입점전략을 정확히 세워야 장수하는 우수브랜드를 만들 수 있다.

프랜차이즈 법칙 10. 대형 일반상권의 법칙

대형 일반상권은 유명 밀집번화가 상권을 말하며, 구매주기가 매우 길고 고객층이 전혀 대중화 되지 않은 특수계층, 국내수요가 매우 적거나 고가 또는 중가 아이템으로서 대형 일반상권에 입점해야 생존하게 되는 법칙을 말한다.

중형
일반상권의
법칙

The Franchise Law
in the Korean Market

11

중형 일반상권의 법칙

"프랜차이즈에서 가장 분석하기 어렵고
다루기 까다로운 것이 중형 일반상권이다.
그런 중형 일반상권에 입점해야 생존 가능한 브랜드는 따로 있다."

프랜차이즈의 꽃은 역시 중형 프랜차이즈이다.

왜냐하면 대형 프랜차이즈는 직영점 위주로 운영되기에 본사
의 말을 잘 듣는 본사 직원들을 데리고 하는 사업이고, 프랜차이
즈 가맹 시스템을 가지고 있지 않다.

반면 소형 프랜차이즈는 거의 가맹점 위주로 전개되지만, 상권
분석은 매우 수준이 낮다. 가맹점주들 역시 생계밀착형이라, 치
킨이나 분식점처럼 소형이다보니 대다수가 재산 규모도 적고, 학
력수준도 상대적으로 중형 프랜차이즈 가맹점주보다 낮은 경우
가 많다. 그래서 본사가 다루기 까다로운 점주가 많지는 않은 게
현실이다.

그러나 중형 프랜차이즈는 직영점과 가맹점을 동시에 전개해야 성장률이나 성장 후에도 장수 가능성이 높은 시스템의 프랜차이즈이다. 가맹점주들도 중산층이나 그 이상이 많아 소형 프랜차이즈 점주들보다 매우 까다롭다. 또한 중형상권의 입점을 분석하는 일은 쉽지가 않다. 그렇기 때문에 중형 프랜차이즈 본사는 직영시스템, 가맹시스템, 상권분석 시스템, 수퍼바이저(SV) 시스템 등이 우수해야 생존이 가능한 사업이다.

일반적으로 프랜차이즈는 장수브랜드가 최고의 목표인데 장수브랜드 중에는 소형 프랜차이즈보다 중형 프랜차이즈 브랜드가 훨씬 많다. 전국에 매장을 전개하기는 소형 프랜차이즈가 쉽다. 하지만 전개된 매장들을 계속 유지시켜나가서 장수하는 데는, 매장을 전개하기가 더 어려운 중형 프랜차이즈가 훨씬 더 견고한 시스템을 갖는 구조로 되어 있다. 이런 중형 프랜차이즈가 입점하게 되어 있는 상권이 중형상권이다.

그렇다면 국내에는 중형 일반상권[+]이 몇 개나 있는가?

중형 일반상권은 밀집번화가인 대형 일반상권보다는 작고 동네상권인 소형 일반상권보다는 큰 규모의 상권으로 우리가 사는 지역의 지역번화가를 말한다.

중형상권이 대형상권과 다른 점은 먼저 상권의 크기가 작다는 것이다. 유명 패스트푸드를 기준으로 볼 때 맥도날드, 롯데리아, 파파이스, KFC, 버거킹 등이 모두 입점해도 모두가 생존하기에

[+] 유재은, 한국시장의 프랜차이즈 전략(2000년).

충분한 고객 수효가 넘쳐나는 상권이 대형 일반상권이다.

하지만 중형 일반상권은 그렇지 못하다. 맥도날드, 롯데리아 등이 2~3개 입점하면 포화 상태가 되는 중간 크기의 상권이다.

또 대형 일반상권과 중형 일반상권이 다른 점은 고객특성이다. 대형 일반상권의 고객은 그 대형 일반상권 내에 사는 사람들이 아니다. 지역을 초월해서 고객층이 형성된다. 대형 일반상권인 홍대 상권을 찾는 고객층은 상계동, 불광동, 마포, 일산, 서초, 부천 등 각지에서 찾아온 매우 다양한 고객층이 형성되는 대형상권이다.

반면 중형 일반상권인 당산역 상권의 주 고객층은 인근지역인 영등포, 당산동, 목동 근처에 사는 고객이나 당산역 근처의 직장 인들로 80~90% 이상 이루어져 있는 상권이다.

이 중형 일반상권은 국내에 200개 내외의 상권이 있다.

서울 주요 중형 일반상권(예)

(입점매장수)

No	지역	상권명	패밀리 레스토랑		카페		아이스 크림	중형 주요 브랜드			화장품	
			아웃백	빕스	스타벅스	커피빈	배스킨라빈스	맥도날드	피자헛	와라와라	이니스프리	더페이스샵
1	강남구	논현역	0	0	1	0	0	0	0	1	1	1
2	강남구	선릉역	0	0	3	6	1	1	0	1	1	0
3	강서구	강서구청	0	0	1	1	1	0	1	0	1	1
4	광진구	구의역	0	0	2	0	1	1	0	0	0	1
5	서초구	교대	1	0	3	3	2	1	1	2	1	1
6	서초구	방배역	0	1	3	1	1	1	0	0	1	1
7	영등포구	당산역	0	0	3	0	1	1	0	1	1	1
8	양천구	오목교역	0	1	5	4	2	0	1	1	2	2
9	송파구	가락시장	0	0	3	0	2	0	1	1	1	1
10	동작구	이수역	0	1	1	0	1	1	1	1	1	3

자료 : 유재은 프랜차이즈 전략연구소(2016)

중형 일반상권에 입점해야 하는 아이템은 세 가지 특성이 있다.

첫 번째는 구매주기가 길지 않은 아이템이다. 외식업 기준으로 보면 일반적으로 1~2개월에 1~2번 이상 정도이다. 두 번째는 최소한 특정 타깃(대학생, 직장인, 미시족 등) 중 하나라도 대중화된 아이템이어야 한다. 세 번째는 고가보다는 대부분 중가·중저가의 아이템들이다.

그렇다면 어떤 아이템이 중형 프랜차이즈 상권에 입점해야 하는가?

첫째, 외식업에서는 우리에게 잘 알려진 놀부부대찌개, 설빙, 와라와라, 배스킨라빈스, 던킨도너츠, 투썸플레이스, 새마을식당, 미스터피자, 맥도날드 등이 있다. 외식업은 워낙 특성이 다양하고 형태도 제각각이라 업종별 카테고리로 묶는 데 한계가 있다.

둘째, 판매업에서는 이랜드, 언더우드와 같은 의류점, 로이드와 같은 중가 귀금속점, 화장품점, 팬시점, 악세사리 전문매장 등이 있다.

중형 일반상권에 입점해야 하는 브랜드

구분	브랜드
외식업	놀부부대찌개, 배스킨라빈스, 던킨도너츠, 설빙, 새마을식당, 김선생, 원할머니보쌈, 와라와라, 한신포차, 맥도날드, 버거킹, 투썸플레이스, 엔제리너스, 파스쿠찌, 미스터피자, 피자헛
판매업	로이드, 클루, 이니스프리, 더페이스샵, 에뛰드하우스, 미샤, 양키캔들, 왓슨스, 분스, 롭스, 액세서라이즈(Accessorize) 홈플러스 익스프레스, 이마트 에브리데이, 롯데슈퍼, 다이소, 초록마을
서비스업	박승철헤어스튜디오, 이철헤어커커, 정철주니어어학원

자료 : 유재은 프랜차이즈 전략연구소

셋째, 서비스업에서는 박준뷰티랩, 박철헤어커커와 같은 미용실과 정철주니어어학원 등이 있다.

이와 같은 브랜드들은 중형 프랜차이즈로서 중형 일반상권에 입점해야 성공할 수 있다. 물론 브랜드 특성에 따라 선별적으로 중형 특수상권에도 입점할 수 있다(제2부 '13. 특수상권의 법칙' 참조).

프랜차이즈 법칙 11. 중형 일반상권의 법칙

중형 일반상권은 지역 번화가 상권을 말하며, 구매주기가 길지 않고 특정 타깃(대학생, 미시족, 직장인 등)중 하나라도 대중화된 아이템으로 대부분 중가 또는 중저가의 아이템으로서 중형 일반상권에 입점해야 생존하는 법칙을 말한다.

소형
일반상권의
법칙

The Franchise Law
in the Korean Market

12

소형 일반상권의 법칙

"매장이 작다고 모두 소형 일반상권에 입점하는 것이 아니다.
소형 일반상권에 입점해도 살아남을 수 있는 브랜드가 있다."

우리가 사는 동네마다 상권이 형성되어 있다. 이러한 동네 상권을 프랜차이즈에서는 소형 일반상권이라고 부른다.

그렇다면 국내에 소형 일반상권[+]은 몇 개나 있을까?

소형 일반상권은 상권규모가 중형 일반상권보다는 훨씬 작다. 중형 일반상권은 고객성향이 유동고객층과 고정고객층으로 나뉘는 데 반해, 동네상권은 대부분이 고정고객들 위주로 고객층이 형성되어 있는, 고객층의 변화가 거의 없는 고여 있는 고인 상권이다. 국내에 행정구역상 4,000여 개의 읍, 면, 동이 있다. 이중

[+] 유재은, 한국시장의 프랜차이즈 전략(2000년).

임야지역, 군사지역, 시골 작은 읍들을 빼고 나면 입점가능한 순수 소형 일반상권만은 1,000여 개가 된다.

소형 일반상권에 입점해야 하는 아이템은 세 가지 특징을 가지고 있다. 첫째는 구매주기가 짧은 아이템이다. 외식업 기준으로 일주일에 적어도 1~2번 방문 가능한 아이템이다. 둘째는 매우 대중화된 아이템으로 치킨이나 피자처럼 특별한 타깃 구분이 없다. 셋째는 중가도 있지만 대부분이 중저가 아이템이 많다.

이러한 소형 일반상권에 입점할 수 있는 아이템은 다음과 같다.

외식업의 경우는 베이커리, 소규모 호프집, 소규모 소주방, 소규모 이자까야(투다리 등)와 배달 가능한 아이템들은 거의 해당되며 피자, 치킨, 만두, 김밥집 등이 이에 해당된다. 판매업은 소형 정육점, 편의점, 반찬 전문점, 이유식 전문점, 소형문구점 등이 해당된다. 서비스업은 5~10평 내외의 소형 미용실, 세탁편의점 등이 해당된다.

파리바게뜨는 베이커리 프랜차이즈로서 소형상권에 입점하는 소형 프랜차이즈이다. 그러나 투자면에서는 2.5억 원에서 3억 원 사이의 중형 프랜차이즈 투자규모를 가지고 있는 특수한 경우에 해당된다. 2016년에 3,500여 개를 넘어선 파리바게뜨는 대표적인 우수 브랜드이자 탄생한 지 30년이 넘어선 장수브랜드이다.

파리바게뜨는 폐점률이 매우 낮고, 브랜드 파워는 매우 높다. 한 가지 아쉬운 점이라면, 가맹매장당 수익률이 투자대비 2% 수준의 매장이 많다는 점이다. 그러나 최근 외식매장 수익률이 너무 낮아지고 있어 2%를 유지만 해도 우수하다는 평가를 내려야

소형 일반상권에 입점해야 하는 브랜드

구분	브랜드
외식업	투다리, 봉구비어 교촌치킨, BBQ, BHC, 네네치킨 김가네, 종로김밥 파리바게뜨, 본죽, 죽이야기 한솥도시락, 피자에땅
판매업	CU, GS25, 세븐일레븐, 미니스톱, 위드미 오레시피, 진이찬방 아리따움, 보떼
서비스업	블루클럽 크린토피아

자료 : 유재은 프랜차이즈 전략연구소

하는 상황이 되고 있다. 이른 아침부터 밤늦은 시간까지 운영하는 어려움을 감안하면 수익률은 높지 않지만, 입점 성공률이 매우 높고, 폐점률이 매우 낮은 장수하는 우수 브랜드이다.

파리바게뜨는 매장규모가 20~40평 정도라 소형보다는 중형으로 느껴지는 사이즈이지만, 소형상권에 입점이 가능한 특징을 가지고 있다. 그것은 고객층이 다양하고 식빵, 케이크 등 다양한 빵 종류로 구매주기가 짧기 때문이다. 보통 주부들이 식빵을 사느라 일주일에 한두 번 가고 또 아이들 간식거리용 빵을 사러 들르고, 생일이라서 케이크를 사러 가다 보면 일주일에 적어도 1~2번에서 많게는 2~3번 방문하는 브랜드이다. 그래서 파리바게뜨는 충분히 동네마다 소형 일반상권에 입점이 가능한 것이다.

그리고 여기서 중요한 것은 소형 프랜차이즈는 소형상권에도 입점하지만, 브랜드 경쟁력이 있다면 훨씬 고객수요가 많은 중형 상권이나 대형상권에 입점해도 무방하다는 것이다.

문제는 중형상권과 대형상권으로 갈수록 상권은 크고 고객은 넘쳐나서 좋지만, 그만큼 경쟁이 치열해서 생존이 쉽지 않고, 임대료와 권리금이 매우 높아서 투자비가 급상승한다는 점이다. 하지만 경쟁력이 충분히 있다면 얼마든지 입점이 가능하다.

때문에 파리바게뜨는 소형 프랜차이즈이지만 중형상권과 대형상권에도 많은 수의 매장이 입점해 있다.

치킨프랜차이즈들은 대부분 소형 프랜차이즈로 분류될 수 있다. 이외에도 특히 배달을 병행하는 브랜드는 거의 여기에 해당된다. 처갓집 양념통닭은 지금은 900개 정도지만 최대 1,500개까지 오픈되었고, BBQ도 1,428개, BHC 1,332개, 네네치킨 1,269개, 페리카나 1,205개, 교촌치킨 1,006개, 굽네치킨 944개가 운영 중이다(2016년 기준).

소형 이자까야인 투다리도 전국에 최대 2,000여 개까지 오픈되었다. 세탁 프랜차이즈인 크린토피아는 현재 2,465개가(2016년 기준) 오픈되어 운영 중이고 코인세탁방 형태로 사업을 확대 중이다. 이처럼 소형 프랜차이즈들은 소형 일반상권에 입점이 가능하며, 상권분석도 어렵지 않고 가맹점을 관리하는 프랜차이즈 시스템도 체계적이지 않고 단순화되기 쉬운 특성이 있어, 치킨브랜드 정도를 제외하면 아직까지 장수브랜드가 많지는 않다.

프랜차이즈 법칙 12. 소형 일반상권의 법칙

소형 일반상권은 우리가 사는 동네상권을 말하며, 구매주기가 짧고, 매우 대중화된 아이템, 대부분 중저가 아이템으로서 소형 일반상권에 입점해야 생존하게 되는 법칙을 말한다.

특수상권의
법칙

The Franchise Law
in the Korean Market

13

특수상권의 법칙

"똑같은 중형 프랜차이즈라도
6가지 중형 특수상권(대학 상권, 백화점 상권, 대형마트 상권, 역-터미널 상권,
아파트단지 상권, 고속도로휴게소 상권)의 입점 여부는
브랜드 특성에 따라 매우 다르다."

프랜차이즈 상권은 크게 일반상권과 특수상권 2가지로 분류해
야 한다. 그래야 프랜차이즈의 효율적인 상권전략 수립이 가능해
진다. 일반상권은 통상 재래상권 또는 로드상권이라고 불리는데,
오래전부터 서서히 형성되어진 상권으로 갑자기 없어지지도 않
지만 갑자기 생겨나지도 않는 상권을 말한다. 프랜차이즈 일반상
권에는 대형 일반상권과 중형 일반상권, 소형 일반상권의 3가지
로 분류된다.[+]

반면 특수상권은 필요목적과 주변상황에 따라 하루아침에 급

[+] 유재은, 한국시장의 프랜차이즈 전략(2000년).

격히 형성되기도 하고 갑자기 없어지기도 하는 상권을 말한다.

일례로 최근 이마트 의정부점이 들어서려다가 주변 영세상인의 반발을 수용하여 입점을 포기했다고 전해졌다. 그러나 다시 이마트 본사의 정책에 따라 이마트 의정부점이 오픈됐다.

대형마트라는 중형 특수상권 하나가 일개 회사의 정책 결정에 따라 의정부에 생겨날 수도 있고 생기지 않을 수도 있는 것이다. 이렇게 쉽게 생성되거나 없어지는 가변적인 상권을 프랜차이즈에서는 특수상권으로 분류해야 한다.

특수상권도 대형 특수상권, 중형 특수상권, 소형 특수상권의 세 가지로 분류할 수 있다.[+] 대형 프랜차이즈가 입점할 수 있는 대형 특수상권은 스타필드 하남, 영등포 타임스퀘어, 신도림 디큐브시티, 부산의 센텀시티, 최근 재오픈한 코엑스 등의 대형몰 (Mall) 등을 말한다.

국내에 10여 개가 있으며, 대형몰에는 백화점, CGV, 이마트 등이 입점되어 대형 규모의 대형 특수상권이 된다. 최근 하남에 오픈한 스타필드 하남점처럼 대형몰은 계속 늘어나는 추세이다.

다음으로 소형 프랜차이즈가 입점할 수 있는 소형 특수상권은 동네 쇼핑센터와 주상복합빌딩 내에 생겨나는 상권을 말한다. 동네 쇼핑센터는 점차 사양화 추세에 있고, 주상복합빌딩은 계속 늘어나고 있는 추세다. 주상복합빌딩이 생기면 지하나 지상층의 상업시설에 편의점, 분식점, 음식점, 베이커리, 소형문구점, 소형

[+] 유재은 프랜차이즈 전략연구소.

세탁소 등의 소형 프랜차이즈들이 입점하기 시작한다.

주상복합빌딩의 수는 너무 많아 일일이 다 열거하기 어렵지만 최소 수백 개 이상의 상권이 전국 각지에 흩어져 있다.

마지막으로 중형 프랜차이즈가 입점할 수 있는 중형 특수상권이 있는데, 이 중형 특수상권이 프랜차이즈 사업에서는 매우 중요하다 할 수 있다. 대형 특수상권은 늘어나고 있다 해도 현재 전국 10여 개 수준의 얼마 안 되는 숫자의 대형몰(Mall)이기에, 상권전략적 의미가 약하고, 소형 특수상권의 대부분인 주상복합빌딩 상권은 전국적으로 그 숫자를 헤아리기조차 어려울 정도로 너무도 많은 수이기에 정확한 숫자 파악도 어려워 상권전략적 의미가 역시 약하다.

반면 중형 특수상권[+]은 비교적 정확한 상권의 숫자 파악이 가능하며, 또 중형 프랜차이즈 사업의 매장전개에 있어서 큰 변수가 되는 더욱 중요한 상권이기에 상권전략적 의미가 매우 크다.

중형 특수상권은 한국 프랜차이즈 시장에서 모두 여섯 가지 상권으로 분류해야 한다.

대학상권, 백화점 상권, 대형마트 상권, 역-터미널 상권, 아파트단지 상권, 고속도로휴게소 상권이다.

이중 대학상권도 특수상권으로 분류하는데 성균관대 율전캠퍼스 역시 근처에 산과 들로 덮여 있다가 그 대학이 들어서면서 중형 특수상권 하나가 새로이 형성된 경우이다. 이런 특수상권들은

[+] 유재은, 한국시장의 프랜차이즈 전략(2000년).

국가정책이나 그 당시 트렌드에 따라 수백 개가 더 생겨나기도 하고 반대로 급격한 소멸의 길을 걷기도 하는 상권들이다. 그래서 한국시장에서 프랜차이즈는 큰 변동 없는 일반상권과 가변적인 특수상권으로 분류해야 하며, 그 틀 안에서 프랜차이즈 전개전략과 상권입점 전략이 세워져야 큰 오류 없이 프랜차이즈 사업을 성공시킬 수 있다.

예를 들어 신촌, 종로, 영등포, 청량리 같은 일반상권은 수십 년 혹은 그 이상의 세월을 거쳐 상권이 서서히 만들어져 왔다. 그러나 지방분교와 같은 대학 지방캠퍼스 상권의 경우는 과거 논과 밭뿐이었지만 그곳에 학교를 신축하고 개교하는 날부터 그 대학 학생을 주 고객으로 하는 중형 특수상권이 하루아침에 생겨난다.

서울대학교의 시흥캠퍼스도 지금은 벌판 뿐이지만, 개교하게 되면 중형 특수상권이 새로 들어서게 된다.

아파트단지도 5,000세대가 산을 깎고 들어서서 입주가 시작되면 산뿐이었던 이 지역에 새로운 상권이 일시에 탄생하게 된다. 이러한 특성을 가진 특수상권 중에서 중형 특수상권을 살펴보기로 한다.

첫 번째는 대학 특수상권[+]이다. 우리가 흔히 말하는 대학가는 홍대 상권, 이대 상권, 신촌 연대 상권, 돈암동 성신여대 상권과 같이 초기에는 대학상권으로 시작했으나 계속 확대되어 이미 대형화된 대형 밀집번화가를 말한다. 여기서 다루는 대학 특수상권은 이처럼 유명 대학 번화가가 아니라, 해당 대학 학생만을 주 고

[+] 유재은, 한국시장의 프랜차이즈 전략(2000년).

객층으로 하는 단일 중형상권을 말한다.

예를 들어 홍대 앞은 1990년대는 홍대생 위주의 대학상권이었지만 지금은 홍대생보다 타 지역고객이 훨씬 더 많다. 그래서 홍대 상권은 2000년대 들어와서는 대학상권으로 분류하지 않고 유명밀집번화가인 대형 일반상권으로 분류한다. 그러나 혜화동의 성균관대 상권은 단일대학상권에 해당되고 재학중인 본교 성균관대생이 주 고객층이다. 전문대학은 보통 2년제이며 학생수가 적어 중형상권 규모에 해당되는 상권이 거의 없다.

과거 서울 고척동에 있는 동양공업대학이 그 중 학생수가 5,000~6,000명 내외로 많은 편이었으나 중형 프랜차이즈를 입점시킬 경우 매출이 약화되는 상권으로 검증된 바 있다. 현재는 4년제 동양미래대학교로 바뀌어 상권이 확장되었다. 이와 반대로 서울 한남동의 단국대 상권은 단국대가 용인캠퍼스로 이전하면서 대학상권이 사라져 버리고 작은 오피스 상권 형태로 남게 되었다.

이처럼 특수상권은 급격한 변화가 생겨 없어질 수도 있고 생길 수도 있는 가변적인 상권이다.

4년제 대학은 전국적으로 196개 대학교, 220개 정도의 캠퍼스를 유지해왔다. 그 중 학생수가 10,000명 이상 넘어야 중형상권에 해당된다. 최소한 학생수가 7,000~9,000명 이상 수준일 때 중형 프랜차이즈가 입점할 수 있는 상권이 성립된다. 현재 중형 프랜차이즈가 입점가능한 전국 대학상권수는 약 70~80개 내외가 있다.

단, 대학교마다 특성이 있는데 지방 분교의 경우나 서울 인근 지방대학은 학생들이 방과 후 급속히 빠져나가거나 방학때 학생

국내 주요 백화점 매장 수

(2016년 기준)

NO	브랜드명	매장 수(개)
1	롯데	33
2	NC	19
3	현대	15
4	신세계	10
5	AK플라자	7
6	갤러리아	5
7	동아	4
8	그랜드	2
9	아이파크	1
합계		96

수가 급격히 줄어드는 상권도 있으므로, 학생수만 가지고 상권을 접근해서는 안 되며, 학생수를 기본 출발로 하여 주변의 상권들과 연계해서 상권분석을 면밀히 검토해야 한다.

두 번째는 백화점 특수상권[+]이다. 백화점 역시 새로 오픈하게 됨과 동시에 입점 가능한 중형상권이 형성된다. 전국적으로 96개 (2016년 기준) 백화점이 있다. 백화점은 대형마트와 달리 매장규모의 차이가 크다. 롯데백화점은 대형규모를 유지하는 데 반해 지방의 중소백화점들은 그 사이즈가 훨씬 작기 때문에 한 군데 백화점 입점이 가능하다고 해서 모든 백화점에 다 입점이 가능하다고 볼 수 없다. 브랜드에 따라 백화점 이용고객수와 고객층을 조사한 후 입점여부를 결정해야 한다.

세 번째는 대형마트 특수상권이다. 대형마트가 하나 들어서면

[+] 유재은, 한국시장의 프랜차이즈 전략(2000년).

국내 주요 대형마트 매장 수

(2016년 기준)

NO	브랜드명	매장 수
1	이마트	147
2	홈플러스	141
3	롯데마트	113
4	코스트코	12
5	트레이더스	10
6	빅마켓	6
합계		418

주변상권이 죽어버리는 현상은 너무도 당연하다. 경쟁력이 취약한 재래상권 옆에 경쟁력을 갖춘 중형상권이 새로 생겨나기 때문에 벌어지는 현상인 것이다.

국내에 이마트, 홈플러스, 롯데마트, 코스트코, 트레이더스 등 대형마트는 418개 정도가 있다.

네 번째는 기차역·터미널 특수상권[+]이다. 전철역은 서울의 경우 거의 중형 일반상권에 들어가 있으며, 여기서는 일반 철도역을 말한다. 주로 이용객이 많은 KTX역이 많은데 광명역, 용산역, 천안역과 같은 기차역을 말한다. 또한, 고속버스터미널 등이 해당된다. 이 역시 하루 이용객이 일정수준 이상인 곳에 해당된다.

속초고속버스터미널상권의 경우 상권형성이 미미한데 그것은 바로 옆에 속초항구가 있어 항구 쪽을 중심으로 상권이 크게 형성되었기 때문이다. 이처럼 특수상권에는 변수가 많아 지역별로 상권별로 늘 디테일하고 정확한 조사가 필요하다.

[+] 유재은, 한국시장의 프랜차이즈 전략(2000년).

다섯 번째는 아파트단지 특수상권이다. 여기서는 분당단지, 일산단지와 같은 대규모 단지를 말하는 것이 아니다.

벽산 아파트단지(4,000세대), 삼성 아파트단지(3,000세대)와 같은 단일 아파트단지를 말한다. 아파트단지의 가구수와 평형대의 크기에 따른 소득수준에 따라 중형 프랜차이즈가 입점할 수 있는지가 결정된다.

서울에만 3,000세대 이상의 단지가 22개 있으며, 전국적으로는 약 100개 이상 있는 것으로 조사된다.

여섯 번째는 고속도로휴게소 특수상권이다.[+] 전국적으로 185개가 있다. 최근 고속도로휴게소 간 경쟁이 치열해지면서 과거

중형 프랜차이즈 브랜드별 입점상권 분석 사례

O : 입점 충분, △ : 입점검토 가능, X : 입점 불가

구분		상권수	외식업						판매업		서비스업	
			맥도날드	KFC	놀부부대찌개	배스킨라빈스	피쉬앤그릴	엔제리너스커피	보디가드	로이드	박승철헤어스튜디오	정철주니어어학원
일반상권	대형	100개 내외	O	O	O	O	O	O	O	O	O	O
	중형	200개 내외	O	O	O	O	O	O			O	O
특수상권	대학상권	70~80개	△	X	△	O	△	O	X	X	O	X
	백화점	96개	O	O	X	O	X	O	O	△	O	X
	대형마트	418개	O	O	X	O	X	△	O	△	△	X
	역-터미널	30~50개	△	△	O	O	O	O	X	X	X	X
	아파트단지	100개 이상	△	X	X	O	X	X	X	X	X	X
	고속도로휴게소	185개	O	O	X	O	X	△	X	X	X	X

자료 : 유재은 프랜차이즈 전략연구소(2016)

※ 상기표의 입점의 큰 변수는 배달체제를 본격적으로 도입하는 경우 달라질 수 있다.
※ 고객수가 확장되거나 브랜드 인지도가 상승하면 입점 여부가 달라질 수 있다.

[+] 유재은, 한국시장의 프랜차이즈 전략(2000년).

한국시장의 프랜차이즈 입점가능 상권 수

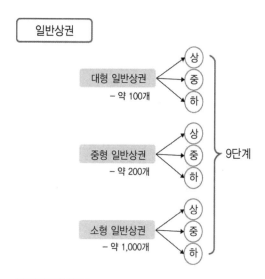

일반상권

대형 일반상권
- 약 100개
상 중 하

중형 일반상권
- 약 200개
상 중 하

소형 일반상권
- 약 1,000개
상 중 하

9단계

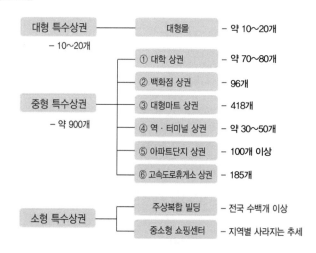

특수상권

대형 특수상권
- 10~20개
대형몰 — 약 10~20개

중형 특수상권
- 약 900개
① 대학 상권 — 약 70~80개
② 백화점 상권 — 96개
③ 대형마트 상권 — 418개
④ 역·터미널 상권 — 약 30~50개
⑤ 아파트단지 상권 — 100개 이상
⑥ 고속도로휴게소 상권 — 185개

소형 특수상권
주상복합 빌딩 — 전국 수백개 이상
중소형 쇼핑센터 — 지역별 사라지는 추세

자료 : 유재은 프랜차이즈 전략연구소(2016년 기준)

휴게소에서 맛이 없어도 억지로 먹어야 했던 '털보네 우동'같은 가성비가 떨어지는 브랜드는 점차 사라지고, 경쟁력 있는 던킨도너츠나 엔제리너스 커피 등의 프랜차이즈 브랜드가 입점하기 시작했다. 중부고속도로에 있는 '마장 프리미엄 휴게소'의 경우와 같이 휴게소 내에 롯데마트, 맥도날드, 파리바게뜨, 오가다 등 다수의 유명 프랜차이즈가 입점한 사례도 있다.

위의 중형 프랜차이즈의 상권별 입점사례를 보면 동일한 중형 프랜차이즈라도 중형 '일반상권'에는 100% 입점이 가능하지만 중형 '특수상권'에는 브랜드의 특성에 따라 입점이 달라진다. 그래서 특히 중형 프랜차이즈는 브랜드별로 중형 일반상권은 물론이고 중형 특수상권의 상권입점전략을 정확히 세워야 전국을 석권하고 오랫동안 장수할 수 있는 우수브랜드가 될 수 있다.

프랜차이즈 법칙 13. 특수상권의 법칙

프랜차이즈 매장전개에 있어서는 재래상권인 일반상권과 급격하게 생겨날 수 있는 특수상권이 있다. 특히 중형 프랜차이즈는 이 중형 특수상권(대학상권, 백화점상권, 대형마트상권, 역-터미널상권, 아파트단지상권, 고속도로휴게소상권)의 입점가능여부가 브랜드마다 달라 입점전략을 정확히 세워야 성공하게 되는 법칙을 말한다.

아도상권의
법칙

The Franchise Law
in the Korean Market

14

아도상권의 법칙

"부실 프랜차이즈 본사에서 매장 성공사례로 포장하여
아도상권에 입점을 시도하는 사례가 많으나,
프랜차이즈 상권전략 중 매우 위험한 방식으로
절대 사용해서는 안 된다."

2000년도 전후해서 우리 주변에는 '하이트 광장'이나 '카스타
운'이라는 브랜드의 넓은 광장식 호프집을 많이 볼 수 있었다. 하
이트 광장은 전국 600여 개 매장이 오픈됐고, 카스타운도 300개
정도 매장이 오픈됐다.

그런데 그 매장들이 불과 3~4년 사이 모두 흔적도 없이 사라지
고 말았다. 전국에 확산되는 데 2~3년, 전국에서 사라지는 데
2~3년 도합 4~5년 정도 반짝했다가 사라진 것이다. 두 브랜드를
합치면 100평이 넘는 중·대형규모의 1,000개 가까운 매장이 우
리 주변에서 자취를 감추었다.

중·대형규모의 매장 약 1,000개가 모두 망해 버렸던 이유는

무엇일까?

이 브랜드들은 매장 사이즈만 해도 통상 최소 50평에서 150평의 중·대형 사이즈였는데, 중형상권에 입점해야 생존할 수 있는 중형 프랜차이즈였다.

그러나 실제 하이트 광장은 동네상권, 즉 소형상권에 많이 입점시켰다. 동네에 못 보던 중대형 호프집이 하나 오픈하면, 그 당시 동네에는 낙후된 치킨집이 대부분인 시절이라 넓고 쾌적한 하이트 광장에 호프고객이 다 몰려들어, 넓은 매장을 꽉 채울 정도는 아니지만 몰려든 고객으로 현상유지 이상은 충분했다.

그러다가 경쟁 브랜드인 카스타운도 하이트 광장이 곧잘 되는 것을 보고 동일한 컨셉의 호프집이므로 바로 옆에 입점시켜서 오픈하곤 했다.

그런데 문제는 규모가 작은 소형상권, 즉 동네상권이라 더 이상의 고객 수요가 제한적이라 먼저 오픈한 하이트 광장에 몰렸던 고객 중 절반은 비슷한 컨셉으로 나중에 오픈한 카스타운으로 몰려갔다.

결과는 먼저 오픈한 하이트 광장이 매출이 반 토막이 나면서 수익이 급격히 감소하고 나중에 하이트 광장이 곧잘 된다고 보고 따라 입점한 카스타운 역시 매출의 한계에 부딪혀 목표수익에 오르지 못하게 되었다. 결국 둘 다 매출을 나눠먹다 보니 수익이 악화되어 모두가 문을 닫게 된 것이다.

그래서 상권마다 생겨나던 하이트 광장이나 카스타운이 불과 수년 반짝하고 모두 자취를 감춰버린 지 오래이다. 물론 브랜드가 망한 이유는 계절이 바뀌어도 안 바뀌는 부실한 메뉴전략, 부실한 본사조직 등등 여러 요소가 있지만 이 두 브랜드가 실패한 결정적인 요인은 잘못된 상권전략에 있었다. 회사브랜드만 망한 것이 아니라 1,000개의 가맹점주들도 함께 망해 버렸다는 사실은 프랜차이즈 사업의 상권 입점의 중요성을 말해주는 것이다.

왜 이러한 일이 벌어진 것일까?

물론 기업이란 수많은 경영요소를 가지고 있는 복합적인 구조의 조직이다. 이 외에도 다른 많은 실패요소가 있었을 것이다. 그러나 확산된 가맹점들이 손익이 안 나오면 망하는 수밖에 없고, 가맹점이 망하기 시작하면 본사도 결국 망하는 간단한 프랜차이즈 구조만으로도 왜 망했는지 설명되는 케이스이다.

그럼 왜 대형상권과 중형상권에 입점했던 매장들도 모두 망했느냐라는 질문이 나올 수 있다. 프랜차이즈 중에서도 외식은 100개 매장 중에서 40~50% 이상 망해나가기 시작하면, 기존 고객의 이탈은 심각해진다. 망하고 없어지기 시작하는 브랜드의 매장을 고객은 피하기 때문이다. 무언가 문제가 크게 있어 보이는 브랜드를 먹거리에서는 매우 민감한 고객의 특성상 기피하는 현상이 확산되어 대형·중형상권의 매장들도 매출이 급감하게 되면서 결국 함께 망하게 되어 있다. 프랜차이즈 도미노 현상[+]인 것이다.

바로 여기에 하이트 광장과 카스타운이 쉽게 무너진 핵심이유

[+] 유재은 프랜차이즈 전략연구소.

가 있다. 하이트 광장이나 카스타운은 작게 들어가도 최소 40~50평 이상 70~80평 규모로 입점하는 중·대형 규모의 매장이다. 이름부터 광장이나 타운에서처럼 규모가 큰 매장을 암시하는 컨셉의 브랜드이지 않는가.

이러한 중형 프랜차이즈 브랜드를 처음에는 대형상권이나 중형상권에 입점시키다가 차츰 동네상권인 소형상권에 입점시키기 시작했다. 장수브랜드에 사업전략의 중심을 두지 않고 전국에 확산시켜 많은 매장, 많은 매출, 많은 개설수익에 포커싱해서 사업을 펼치기 위해서는 전국에 널려 있는 동네상권인 소형상권 입점 전략이 수월해 보였을 것이다.

결국 대형상권과 중형상권에만 입점시켜야 하는 중형 외식 프랜차이즈가 소형상권과 혼합하여 입점시키는 상권 전략의 오류를 범했고, 그 대가로 수년 만에 단명하는 브랜드가 되었다.

그래서 프랜차이즈의 아도상권⁺의 특징을 살펴볼 필요가 있다. 아도상권이라는 말은 사실 일본말 아도ぁㅌ에서 따왔다. 이는 10년전쯤 필자가 만든 용어로, 한 사람이 모두를 다 가져가 버린다는 일종의 독점을 의미한다.

독점이라고 무조건 나쁜 것은 아니다. 그러나 프랜차이즈 상권 전략에서 독점상권은 매우 위험한 전략이다.

대형상권이나 중형상권에서는 프랜차이즈 독점이란 말이 잘 어울리지 않는다. 왜냐하면 대형·중형상권들은 상권 규모가 크

+ 유재은 프랜차이즈 전략연구소.

기 때문에 고객 수요가 매우 많아 외식업종만해도 수백 개의 점포 들이 밀집해 있기 때문이다. 물론 판매업, 서비스업종의 점포수 도 수백 개 이상 포진해 있다.

그러나 동네상권인 소형상권은 점포수가 많지 않고, 규모가 작 은 상권이라 경쟁이 치열하지 않아 경쟁력 있는 브랜드가 입점하 면 독점적 지위를 누릴 수 있다.

그러나 여기에 위험한 함정이 있다. 독점하고 있는 브랜드가 잘 되는 것을 지켜보고 있다가 똑같거나 유사한 브랜드를 또 입점 시키면 동네상권은 규모가 너무 작아 얼마 안 되는 동네고객들을 서로 나누어 먹게 되어 있기 때문이다. 결국 서로 무너지게 되어 있다.

아직도 중형상권에 입점해야 하는 중형브랜드가 소형상권인 동네 상권에 입점해서 가끔 성공하는 경우가 있다. 이런 경우 부 실 본사들은 이런 방식의 입점을 성공사례로 포장하며 동일한 방 식의 소형상권 입점으로 손쉬운 매장확장을 꾀하는 사례가 많다. 그러나 이는 매우 위험한 방식이며 프랜차이즈 본사의 상권전개 방식으로 절대 사용해서는 안 된다.

그러므로 프랜차이즈 사업에서 아도상권, 즉 독점상권은 상권 전략에서 매우 유의해야 하며, 매장전개와 전국 확산 전략에서 필히 배제되어야 한다. 프랜차이즈 상권전략의 기본 원칙은 추후 경쟁 브랜드가 생겨나도 충분한 기본수요가 있고 충분한 고객 숫 자가 있는 상권에 입점해야 하는 것이 원칙이다.

이 원칙을 지키는 것이 철저하고 정확한 원칙의 상권전략으로

30년이 넘게 탑브랜드의 위치를 지켜가는 배스킨라빈스와 같이 장수하는 우수브랜드가 되는 길이다.

프랜차이즈 법칙 14. 아도상권의 법칙

중형 프랜차이즈 브랜드가 경쟁이 치열하지 않은 동네상권인 소형상권에 입점 후 독점영업을 통해 좋은 매출이 나올 수 있으나, 경쟁브랜드가 추가 입점 시 고객수요가 적어 매출이 반 토막이 되는 상권인 아도상권은, 중형 프랜차이즈에서는 절대 입점해서는 안 되는 법칙을 말한다.

목의
법칙

The Franchise Law
in the Korean Market

15
목의 법칙

"프랜차이즈 점포의 목은 꼭 좋아야 하는가? 그렇지 않다.
목이 안 좋아도 성공하는 상권과 브랜드가 있다."

점포사업은 '목'이 중요하다는 말을 많이 한다. 심지어 점포목이 사업의 성패를 좌우한다는 말도 한다. 그런데 우리는 잘 안 보이는 골목에 숨어 있는 음식점에 고객이 꽉 차 있는 매장을 발견할 때가 있다. 최근의 TV맛집 열풍과 SNS의 발달과 더불어, 수요미식회니 뭐니 하면서 식도락을 즐기기 시작하는 마니아층들의 맛집 찾아가기 열풍이 불고 있으니 그것에 기인한 것도 크다 하겠다.

하지만 10년, 20년 전엔 SNS도 없고, 맛집 열풍도 없을 때에도, 목이 안 좋아도 장사가 잘 되는 점포들이 많았다. 목이 좋지 않아도 영업이 잘 되는 업종이 엄연히 존재하기 때문이다.

프랜차이즈에서는 목에 따라 점포사업의 사활이 걸리는 업종이 있고 목이 좋지 않아도 점포 영업에 크게 지장을 주지 않는 업종이 있다.

이런 목이 좋지 않아도 성공할 수 있는 매장의 특성은 다음 2가지 요소이다.

첫째, 고정(단골)고객 중심의 매장이다. 고정(단골)고객이 지나가는 유동(뜨내기)고객보다 압도적으로 많은 매장이다.

둘째, 매장 체류시간이 긴 매장이다. 보통 음식점들이 매장체류시간이 긴 편이라 여기에 해당된다. 특히 주점처럼 매장체류시간이 1시간 이상 되는 매장들도 여기에 속한다.

이 두 가지 특성을 동시에 가지고 있는 업종들은 점포목의 중요성이 낮다. 그런 업종은 일반식당, 주점, 패밀리 레스토랑, 미용실, 대형마트 등이 있다. 특히 고객층이 고여 있다고 하는 고인 상권의 경우에는 점포목이 중요하지 않다고 표현해도 과언이 아니다.

한국 프랜차이즈 시장의 3대 고인 상권은 대학상권, 오피스상권, 동네상권이 있다. 고인 상권의 반대인 유동상권으로는 유명밀집번화가상권, 역세권, 유흥상권 등이 있다. 이런 상권은 고객들이 흘러 왔다, 흘러 나간다는 의미에서 유동상권이라 부르고 있다.

상기의 두 가지 요소, 고정(단골)고객과 긴 매장체류시간의 특성을 가지고 고인 상권(대학가, 오피스상권, 동네상권)에 오픈되는 매장들은 목이 덜 중요하다는 것이다.

우리 동네상권에서 잘되는 미용실이 항상 목이 제일 좋은 곳에 있는가. 그렇지는 않다. 지하에 있거나, 골목 뒤에 있건 머리 잘하는, 즉 경쟁력이 있는 미용실은 고객들로 붐비게 되어 있다.

오피스 상권인 우리 회사 근처의 잘 되는 식당들은 목 좋은 곳에 있는 집인가. 골목 안에 있어도 우리는 회사 근처 맛있는 식당은 이미 다 파악하고 자주 이용하고 있다.

대학상권에서도 마찬가지이다. 대학생들이 몰리는 호프집은 꼭 대로변에 있지 않다. 대학 뒷골목의 허름한 손맛 좋은 친절한 그리고 저렴한 주점이 지금도 학생들로 붐비고 있다.

손맛 좋고, 값싸고, 친절한 것이 바로 점포 경쟁력이지 않는가.

그렇다. 고정고객 중심의 매장체류시간이 긴 특성의 경쟁력 있는 매장은 고인 상권(대학상권, 오피스 상권, 동네상권)에서의 목은 중요하지 않은 것이다. 오직 승부수는 매장 경쟁력에서 찾을 수 있다.

그러나 이런 경쟁력 있는 점포도 경쟁력이 A+라면 무방하지만 경쟁력이 약간 낮은 B+ 수준의 매장이 고인 상권이 아닌 유동상권의 목이 안 좋은 곳에 입점하면 성공하지 못하고 문을 닫을 수도 있다. 유동상권은 고인 상권과 달리 목이 좋아야 고객유치가 가능한 특성을 가지고 있기 때문이다.

어느 경우에도 3대째 내려오는 손맛과 같은 A+의 경쟁력의 매장은 이제는 점포의 위치와 목이 관계없는 시대가 되었다.

하지만 그런 탁월한 경쟁력의 매장이 국내에 몇이나 있겠는가. 그러므로 특히 고인상권이 아닌 '유동상권'에서 대다수의 매장은 점포목을 항상 염두에 두어야 한다.

또한 부수적 요소로서 주차시설을 갖춘 매장도 목의 구애를 받지 않는다. 잘 알려진 경복궁, 삿뽀로, 아웃백, 이마트, 홈플러스, 롯데마트 등은 목이 빠지는 외곽에서 주차시설을 잘 갖추고 있을 뿐, 임대료가 비싼 좋은 목에 위치하고 있지 않다.

이 브랜드들은 좋은 상권에 들어가되, 목은 빠지는 위치에 입점하면서 영업을 성공적으로 수행하고 있다.

다음으로 배달 위주의 업종도 목의 구애를 받지 않는다. 너무나 친숙한 치킨배달점, 피자배달점이 동네 좋은 목에 있는 경우는 드물다. 그런 경우는 매장내 영업도 병행하는 경우이고, 배달 중심매장들은 좋은 목에서 빠져 있는 경우가 대부분이다.

그러나 매장자체가 광고판이라는 점을 감안하면 같은 동네에서도 눈에 안 띄는 골목보다는 눈에 잘 띄는 이면 도로변에라도 입점하는 것이 장기적으로 훨씬 유리하다.

이와 반대로 점포목이 매우 중요한 요소로 작용하는, 즉 목이 점포 사업의 성패를 좌우하는 업종도 있다.

첫째, 고객의 매장체류시간이 짧은 매장이다.

엑세서라이즈같은 악세서리 매장, 더페이스샵, 에뛰드하우스와 같은 화장품 매장, 올리브영 같은 H&B스토어 매장들은 매장 체류시간이 5~10분 수준이다. 길어도 10분 내외에서 구매가 끝난다. 가끔 카운터에 줄을 서 있느라 체류시간이 길어질 수도 있지만 결코 체류시간이 긴 아이템이 아니다.

둘째, 유동(뜨내기)고객을 중심으로 하는 매장들이다.

왔던 고객이 또 찾아오는 매장이 아니라 눈에 띄는 대로 들리는 매장들이다. 목이 말라 사이다를 사려고 할 때 세븐일레븐 매장이 바로 앞에 있는데 몇 십 미터 더 걸어가 GS25까지 가서 사이다를 사는 고객을 본 적이 있는가. 최근 편의점 도시락 열풍으로 회사근처 편의점들은 김혜자 도시락, 백종원 도시락 등 브랜드화된 도시락을 가끔 찾는 사례는 일부 생겨났지만 편의점은 눈에 잘 띄는 유동이 많은 목에 입점한 점포의 매출이 항상 높다.

지금은 없어졌지만 명동입구에 있던 '바이더웨이' 편의점은 4평도 안 되는 아주 작은 매장이었지만, 전국 매출 2~3위의 엄청난 매출을 늘 기록하였다. 이것은 점포의 목이 고객이 몰려드는 명동입구라는 장점 때문이었다. 당시 브랜드가 굳이 바이더웨이가 아니라 세븐일레븐이었어도 매출은 같았을 것이다.

이와 같이 업종의 특성에 따라, 점포 입점의 목 선택은 달라질 수 있다. 어느 경우라도 같은 투자비용, 같은 조건이라면 목 좋은 매장이 좋다. 그러나 목이 좋은 곳은 높은 권리금과 임대료를 수반하기 마련이다. 브랜드가 고정고객 위주인지 유동고객 위주인지, 그리고 매장체류시간이 짧은지 긴지의 특성에 따라 좀 더 효율적인 점포입점전략을 세울 수 있다.

특히 목이 중요하지 않은 브랜드가 고인 상권에 입점하는 경우에는 권리금, 임대료 등의 초기 사업비용을 많이 낮출 수 있다는 점에서 점포개발 시 현장에서 유용하게 적용할 수 있는 것이다.

프랜차이즈 법칙 15. 목의 법칙

고인상권(대학상권, 오피스상권, 동네상권)에서 고정고객을 주 타깃으로 하고 매장 체류시간이 긴 프랜차이즈는 점포목이 중요하지 않은 법칙을 말한다.

대학상권의
법칙

The Franchise Law
in the Korean Market

16

대학상권의 법칙

"일반적인 프랜차이즈 점포개발 기법 외에
상식 밖의 점포개발이 가능한 상권이
바로 대학상권이다."

전국에는 약 196개의 4년제 대학과 220여 개의 대학캠퍼스가 있고, 각 대학마다 대학상권이 있다. 해당 대학생만을 고객층으로 하던 수준에서 해당 대학생이 아닌 그 지역의 일반인들까지도 대학상권을 선호하고 이용 빈도도 점차 높아지고 있다.

가장 대표적 사례는 홍대상권이라 할 수 있으며, 홍대상권은 주변 상수역상권으로 확장되었고, 합정상권을 지나 망원동상권의 활성화까지 이어져 간 케이스다.

이러한 흐름을 감안하면 대학가로 진출 가능한 업종의 경우는 대학상권을 다른 상권보다 우선하여 택하는 것이 매우 유리하다. 특히 일반상권보다 대학상권이 고객 밀집도가 높은 점이나 권리금 비용이 상대적으로 저렴한 면을 고려해볼 때 더욱 장점이 많은 상권이다. 그리고 오픈 후 영업 성공여부의 판단기간이 일반상권에 비해 짧은 특성도 가지고 있다.

일반상권의 경우 그 기간이 5~6개월인 데 비해 대학상권은 학기 중 오픈할 경우, 2개월 내에 그 성공여부를 결정지을 수 있다는 면에서 권장할 만한 우선 순위의 상권이다. 특히 아래와 같은 특성의 아이템일 경우는 점포개발 비용만 적게는 일천만 원에서 많게는 수천만 원을 절감할 수 있다는 점에서 주목해볼 필요가 있다.

물론 이러한 특성들 외에 전제조건은 오픈하려고 하는 아이템의 경쟁력이 갖추어져 있어야 한다는 것이다. 아이템 경쟁력이 없다면 어차피 매장 영업에 실패할 수밖에 없다. 그렇다고 아이템 경쟁력만 있다고 해서 무조건 점포 영업에 다 성공할 수는 없다. 매장 성공을 위해서 점주운영능력과 더불어 점포입지가 절대 변수가 된다(제1부 '7. 매장 공식의 법칙' 참조).

그렇다면 대학가에서의 점포개발기법을 적용해 보자.

앞 장의 '목의 법칙'에서 설명한 바와 같이, 모든 아이템에 다 해당되는 것은 아니며 몇 가지 조건을 갖추어야 한다. 대학가와 같은 '고인 상권'의 경우 다음과 같은 아이템은 군이 좋은 목을 확보한 매장을 얻을 필요가 없다.

그 조건은 두 가지이다.

첫째, 매장체류시간이 긴 아이템과,

둘째, 고정(단골)고객이 주 고객층인 아이템이다.

이 두 가지에 해당하는 아이템은 미용실, 음식점, 주점, PC방

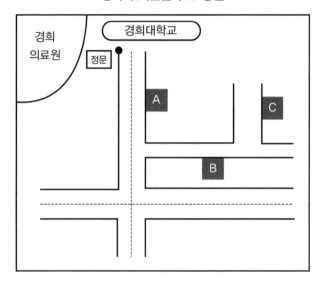

경희대(서울캠퍼스) 상권

등이 여기에 해당하는데 이런 매장을 얻을 때는 대학가 내에서 목
은 중요하지 않다.

위와 같은 입지 상황에서 실제로 약 40평 정도의 주점을 하기
위해 점포를 얻는다고 할 때, 주점은 매장체류시간이 매우 길기
때문에 굳이 1층 매장을 얻을 필요는 없다. 지하 매장이나 2층 매
장을 얻는 것이 비용을 절감할 수 있어 좋다. 아이템 경쟁력이 같
다고 볼 때 대학상권은 1층이나 2층 매장이나 매출은 크게 차이
가 나지 않기 때문이다.

위의 그림에서와 같이 2층을 기준으로 할 때 A점포의 권리금은
최근 시세로 보면 대략 1억 원 수준, 혹은 그 이상이 될 것이다. B
점포는 대략 5천에서 6천만 원 정도의 권리금이 필요하고 C점포
는 대략 3천만 원에서 4천만 원 이하의 권리금이 있어야 매장을

얻을 수 있다. 물론 최근 계속되는 외식불황으로 권리금은 계속 더 저렴해질 수 있다.

그렇다면 어느 점포를 택하느냐에 따라 동일한 아이템을 동일한 평수로 오픈한다고 해도 권리금 비용만 수천만 원 이상이 절약이 된다. 이 경우 상기와 같은 두 가지 조건(긴 매장체류시간, 고정고객)을 갖춘 아이템이 우수한 경쟁력을 갖추었다면 A, B, C 중 어느 점포에 입점해도 영업이 정상궤도에 오르면, 대학상권인 경우는 매출액이 거의 비슷한 수준에서 이루어진다.

그 이유는 다음과 같다.

대학상권은 '고인 상권'이라는 말로 쉽게 이해할 수 있다. 경희대 학생이 10,000명이라고 가정한다면 그 10,000명이 모두 학교라는 울타리 안에 고여 있는 것이다. 물론 잠은 각자의 집으로 돌아가 자겠지만 다음날이 되면 그 10,000명의 학생은 경희대 캠퍼스 내에서 활동에 들어가는 것이다.

또 경희대 전체 학생수가 10,000명이라고 할 때 전체 학과의 수가 약 33개 정도라고 한다면 한 학과의 학생 평균수는 약 300여 명 수준이라고 할 수 있다. 한 학과가 대략 300여 명 수준이라고 계산해 볼 때, 1학년에서 4학년까지 각 60명씩 그리고 대학원 1학년 30명, 2학년 30명 정도로 분류해 볼 수 있다.

40평 규모의 C점포에서 주점을 오픈했다고 했을 때 약 2평당 1개의 테이블로 계산해 20개의 테이블로 영업을 할 경우 한 테이블당 3명 정도의 고객이 술을 마신다고 하면, 매장이 꽉차면 대략 60명 정도 경희대 학생이 주 고객층이 되어 그 주점을 이용하게 된다.

그 주점이 오픈한 첫 날 전단지 돌리고 즉석복권도 돌리면서 매장을 꽉 메우는 것은 어려운 일이 아니다. 주점이 경쟁력을 갖추고 있어 메뉴도 다양하고 맛도 괜찮고 가격대도 주변과 비슷하고 인테리어도 깨끗하고 매장서비스도 좋아서 고객만족도가 높으면, 그 날 주점을 이용한 최소 60여 명의 경희대생은 그 다음날부터 그 주점의 홍보맨이 되어 활동하게 되어 있다.

왜냐하면 대학생들은 직장인들과는 달리 정보와 트렌드에 더 민감한 특징이 있어, 정보 교환 욕구가 강하고 시간적으로도 직장인보다 여유가 있어 학교 앞 주변 정보의 교환속도가 매우 빠르다. 그날 주점을 이용한 60명의 학생은 삼삼오오 모여 있었지만, 전공학과는 제각각 다른 학생들이 많다. 술을 마신 당일 날 밤은 곧장 집으로 가겠지만 그 다음날 아침에 학교에 등교한 60여 명의 학생들 대다수는 자기의 동기생이나 선후배들에게 자기가 만족했던 새로 오픈한 주점이 괜찮다는 것과 한 번 이용해볼 것을 권하게 되어 있다.

결국 이용해 본 본인도 경쟁력을 갖춘 그 주점을 또 이용할뿐더러 주변 친구들도 믿을 만한 친구의 정보를 토대로 그 주점을 가보게 되고 이와 같은 현상이 경희대 캠퍼스 안에서 300~400명 정도의 과 단위의 구전 준거집단을 통해 서서히 반복적으로 일어나게 된다. 이런 흐름으로 학기 중에 오픈할 경우는 2개월 이채 안 되어도 경희대 캠퍼스에 그 매장이 알려지게 되면서 충분한 고정고객을 확보하게 된다.

그러므로 대학교에서의 점포입지는 이와 같이 A점포와 같은 비싼 권리금의 A급 목이 아니더라도, 첫째, 매장체류시간이 길고 둘째, 고정고객을 주 고객층으로 하는 아이템이라면 권리금이나 임대료 등의 점포비용과 투자비용을 줄일 수 있다. 사업 리스크를 최소화 할 수 있는 C점포의 입지를 선택해도 매장영업에 성공할 수 있으며 이는 지금도 현재의 상권과 현장에서 입증되고 있는 사실이다. 특히 경희대의 C점포는 2000년대 국내 이자까야로 전국을 석권한 적이 있는 '천하일품' 이자까야 경희점이라는 당시 우수매장의 실제 사례이다.

이처럼 대학상권은 대학상권 입점이 가능한 브랜드의 경우라면 전국에 프랜차이즈 매장을 전개하는 데 1순위로 공략하기 좋은 장점을 가지고 있는 상권인 것이다.

프랜차이즈 법칙 16. 대학상권의 법칙

고인상권의 대표적인 대학상권은 고정고객 위주이고 매장 체류시간이 긴 아이템은 목이 중요하지 않으며, 특히 대학생은 300~400명의 과科 단위의 구전口傳 준거집단을 가지고 있어서 입소문의 확장속도가 매우 빨라 경쟁력 있는 브랜드는 두 달이 채 안되서 성공매장이 가능한 법칙을 말한다.

The Franchise Law
in The Korean Market

3

한국시장의
프랜차이즈
법칙

프랜차이즈
마케팅

마케팅이란 어느 산업, 어느 분야건 쉽지 않은 매우 어려운 업무 중 하나이다. 프랜차이즈도 마찬가지의 시장이다. 그래서 수많은 마케팅 기법과 전략이 난무하기도 한다.

그런데 프랜차이즈의 마케팅은 우리가 생각하는 상식적인 전략들이 시장에서 안 먹힐 때가 많아 우리를 당황하게 하거나 크나큰 시행착오를 겪게 만들기도 한다.

그래서 마케팅 전략의 오류는 늘 많이 일어난다. 여기서는 한국 프랜차이즈 시장에서 반복적으로 일어나는 마케팅의 전략적 오류를 범하고 있는 법칙들을 다루고 있다.

이미 전략적 오류를 범하고 있는 법칙들을 잘 선별하여 마케팅과 사업에 적용한다면 프랜차이즈 시장에서의 시행착오를 줄이고 정확한 전략의 구사를 통해 한국시장에서 우수브랜드가 되는 시간을 줄여줄 것이다.

전개의
법칙

제3부
프랜차이즈 마케팅

Chapter **17**

The Franchise Law
in the Korean Market

17

전개의 법칙

"프랜차이즈사업은 직영점만 전개하는 것도,
가맹점만 전개하는 것도 효율적이지 않다.
대형 프랜차이즈, 중형 프랜차이즈 , 소형 프랜차이즈별로
전개하는 방식이 다르다."

대형 프랜차이즈, 중형 프랜차이즈, 소형 프랜차이즈의 분류기
준은 매장 규모가 크냐 작으냐 하는 매장 사이즈가 기준이 아니
라, 입점 후 생존이 가능한 상권을 기준으로 해야 한다(제2부 '9.
상권결정의 법칙' 참조). 즉, 매장이 큰 프랜차이즈는 대형 프랜차이
즈, 매장이 작은 프랜차이즈는 소형 프랜차이즈가 아니라 대형상
권에 입점해야 생존하는 게 대형 프랜차이즈이고, 중형상권에 입
점해야 생존하는 게 중형 프랜차이즈, 소형상권에 입점해야 생존
하는 게 소형 프랜차이즈인 것이다.

그런데 이러한 대형 프랜차이즈, 중형 프랜차이즈, 소형 프랜
차이즈별로 상권 입점전략 및 매장전개전략은 각기 다르다.

우선 대형 프랜차이즈의 전개전략은 다음과 같다.

입점 가능한 매장의 최대 임계치는 프랜차이즈 일반상권 중에서는 대형 일반상권 100여 개와 대형 특수상권 중에서는 대형몰이 해당되며 그 수는 10~20개 수준이다. 그러므로 최대 100~120개 매장의 입점이 가능하다.

한때 국내를 석권하고 넘버원 브랜드였던 대형 프랜차이즈인 아웃백스테이크하우스도 현재는 매출부진으로 일부매장을 폐점해서 70여 개 밖에 남지 않았지만, 전국적으로 최대 106개 매장을 보유했었다. 대형 프랜차이즈 중 하나인 미취학 아동의 플레이타운인 짐보리도 90~100개 매장까지 확장했었다. 또 대형 프랜차이즈인 이마트도 147개까지 매장을 확장했다.

물론 브랜드 특성상 특수상권을 찾아내고 개발하여 그 숫자를 더 늘릴 수도 있지만, 효율적이지 못하게 숫자에만 집착해서 과도하게 매장숫자가 늘어난 브랜드는 결국 매장의 매출을 동일 브랜드 매장끼리 서로 잠식하게 되는 결과로 나타나 신규매장의 오픈 효과가 상실되는 시점이 도래된다.

이것을 시장에서는 카니발리제이션Cannibalization이라 부르기도 한다. 자기잠식 또는 제 살 깎기 매장전개가 되는 셈이다. 하지만 기존의 시장이 잠식될 것을 알면서도 경쟁자보다 먼저 시장을 선점하기 위해 자기잠식을 감수하는 전략을 '선점적 자기잠식'(Preemptive Cannibalization)이라고도 하는데, 프랜차이즈는 이 전략이 먹히지 않는 시장이다. 철저한 매장별 손익중심의 사업이 프랜차이즈이기 때문이다.

한편 대형 프랜차이즈에 해당되는 브랜드는 직영점 위주로 사업을 전개해야 하며, 가맹점을 통해서는 사업전개가 불가능하고 사업적 효과를 상실하게 되어 있다.

예를 들어, 이마트, 홈플러스를 개인(가맹점주)이 운영하는 것은 불가능하다. 아웃백, TGI, 빕스와 같은 외식 대형 프랜차이즈도 역시 개인(가맹점주)이 운영하는 것은 불가능하다. 매장규모, 전문성, 인력운영 노하우, 매장운영 노하우, 투자규모 등을 볼 때 이 분야의 비전문가이자 초보자인 가맹점주가 감당할 수 있는 사업규모, 전문성의 깊이와 영역이 아니기 때문이다.

1990년대 놀부의 대형 프랜차이즈인 '놀부집'이라는 중가 한정식 브랜드가 잘 나가자, 서울 성산동에 있었던 외식매장인 '성산회관' 측에서 당시 매출이 부진해지자 놀부본사에 가맹비 1억을 내고 오픈해서 운영을 했지만, 한식경험이 있는 가맹점주였음에도 불구하고 오래가지 못하고 결국 또 다른 아이템으로 업종변경을 한 사례가 있다.

대형 프랜차이즈에 해당하는 웨딩사업(예식장)의 CEO를 맡아 여러 개 직영 예식장을 성공적으로 운영하던 여사장님 한 분이 성공경험을 토대로 가맹사업으로도 확장시키려 했지만, 가맹사업 전개가 어려워 사업이 막히고 말았다.

그 이유는 두 가지로 압축된다. 첫째는 대형사이즈 매장운영의 전문성을 초보자인 가맹점주가 흉내낼 수는 없다는 것이다.

두 번째는 작은 사이즈 규모의 매장은 본사가 전국규모 매장전개 및 전국 시스템 구축이 어렵다는 것이다. 예를 들어 일본라멘 전문점과 같은 작은 규모지만 대형상권에 입점해야 생존하는 대형 프랜차이즈의 경우는 가맹점주가 매장 사이즈는 작아서 초보자일 때도 운영에는 문제가 없지만, 본사의 유통수익이 규모가 너무 적은 것이 문제가 된다.

일본라멘 전문점은 보통 5~10평 내의 규모인데 이 규모에서는 가맹점당 월 100만 원의 본사 식자재 유통수익도 쉽지 않다. 100만 원×100개 매장이 되어야 월 1억이 본사의 유통수익인데, 월 1억으로 전국에 흩어져 있는 100개 매장들의 관리비용과 마케팅 비용이 나오지 않아 본사 경영이 어려워지기 때문이다. 소형사이즈 매장 100여 개의 가맹점으로 전국망의 물류 구축도 어렵고 전국적 규모의 브랜드 유지도 어렵다

그래서 대형 프랜차이즈는 가맹사업을 시도하면 실패하게 된다. 직영점 위주의 직영 프랜차이즈 사업(Regular Chain)으로 집중해야 성공 가능하며 장수할 수 있다.

그 다음은 중형 프랜차이즈의 전개전략이다.

중형 프랜차이즈 사업은 프랜차이즈 사업의 꽃 중의 꽃이다. 왜냐하면 대형 프랜차이즈가 못하는 가맹사업이 가능하면서도 장수할 수 있는 최적의 요소를 소형 프랜차이즈보다도 훨씬 많이 갖추고 있기 때문이다.

전국적으로 중형 프랜차이즈 매장이 입점 가능한 상권은 일반상권 중에서는 대형 일반상권 100개 내외, 중형 일반상권 200개 내외가 입점 가능하다. 그리고 특수상권 중에서는 중형 특수상권에 해당하는 대학상권 70~80개 내외, 백화점 상권 96개, 대형마트 418개, 역터미널 상권 30~40개 내외, 아파트 상권 100개

이상, 고속도로휴게소 상권 185개, 모두 최대 900개 내외의 입점가능한 특수상권이 있다. 그래서 중형 프랜차이즈는 일반상권(대형, 중형) 300개 내외와 특수상권(중형) 900개 내외를 합쳐서 최대 1,200개 내외까지 입점이 가능한 것이다.

어느 중형 프랜차이즈 브랜드이건 이 중에서 일반상권은 100% 입점이 가능하다. 즉 대형 일반상권 100개 내외, 중형 일반상권 200개 내외를 모두 합하면 300개 내외가 가능하다.

그러나 중형 프랜차이즈 브랜드의 중형 특수상권의 입점가능성은 브랜드 특성과 고객의 수용도 여부에 따라 다르기 때문에 중형 특수상권이라고 100% 입점이 가능하지 않다. 예를 들어, 정철 주니어영어, 새마을식당, 와라와라, 이랜드 언더우드 브랜드와 같이 중형 특수상권에는 전혀 입점 못하는 브랜드가 있는 반면, 배스킨라빈스와 같이 모든 중형 특수상권에 100% 입점이 가능한 브랜드가 있다. 그렇기 때문에 배스킨라빈스는 중형 프랜차이즈임에도 1,200개가 넘게 매장이 확장될 수 있는 것이다.

프랜차이즈는 브랜드의 특성에 따라 상권입점전략을 세우고 사업을 전개하여야 한다(제2부 '13. 특수상권의 법칙' 참조).

중형 프랜차이즈는 직영점과 가맹점을 적절히 병행하는 것이 사업적 효과가 크다.

보통 매장규모와 매출규모도 작지 않아서 직영매장당 월 수익은 성공적 운영매장 기준으로 보면 1,000만 원에서 5,000만 원을 올릴 수 있으므로 본사의 수익 사업의 지대한 효과를 누릴 수 있다. 또한 항상 제각각 행동하려는 가맹점 통제를 위해서도 필요하다. 상권별로 다양하게 여러 직영매장을 운영하면 데이터 확보와 분석을 통해 가맹점의 브랜드 전략, 마케팅 전략 등을 데이터 기반으로 주도할 수 있기 때문이다.

중형 프랜차이즈가 운영할 수 있는 직영매장의 숫자는 본사가 자금, 직영 조직 운영 노하우 등 감당할 수 있는 범위 내에서 많을수록 좋다. 매장당 수익성이 높을수록 당연히 직영점 비중을 높이려고 한다.

통상 외식업 브랜드들은 전체 매장수의 10% 내외를 유지하고, 수익성이 높은 판매업 브랜드들은 20~50%까지 직영점 비율을 가져가기도 한다.

그러나 이 모든 기준의 첫째는 매장수익성이고 그 다음은 매장 운영의 효율성이다. 일반적으로는 외식매장보다 판매업매장의 운영이 단순하고 직영관리도 수월한 편이라 우수본사의 우수브랜드는 직영점 비율이 50%를 넘길 때도 있다.

그러나 시장상황이 악화되면 직영점을 먼저 줄이는 방식으로 진행된다. 항상 직영점은 높은 리스크를 수반한다고 볼 수 있다.

직영이 몇 개까지가 효율적이냐는 오직 본사의 운영특성과 운영역량에 달려있다. 회사마다 주력하는 특성이 있으므로 스타벅스, 커피빈 같은 중형 프랜차이즈는 100% 직영체제를 고집하며 잘 운영하고 있다. 그러나 엔제리너스, 할리스커피, 배스킨라빈스, 놀부 등은 직영과 가맹을 혼용하면서, 가맹점을 통해 개설수익(신규 가맹점 오픈시 생기는 수익-가맹비, 인테리어 수익, 초도상품수익, 기타 시설수익)과 자금을 확보할 수 있다.

프랜차이즈 브랜드의 직영점과 가맹점의 비율

구분	브랜드		매장수					
		가맹		직영		계		
대형 프랜차 이즈	이마트	0	0%	151	100%	151	100%
	홈플러스	0	0%	141	100%	141	100%
	빕스	0	0%	88	100%	88	100%
	경복궁	0	0%	32	100%	32	100%
	파고다어학원	0	0%	8	100%	8	100%
중형 프랜차 이즈	외식업	배스킨라빈스	1,118	93%	78	7%	1,196	100%
		투썸플레이스	633	93%	49	7%	682	100%
		놀부부대찌개	507	98%	8	2%	515	100%
		미스터피자	392	95%	19	5%	410	100%
	판매업	다이소	361	34%	687	66%	1,048	100%
		미샤	302	43%	394	57%	696	100%
		이니스프리	655	67%	323	33%	978	100%
		올리브영	398	72%	154	28%	552	100%
		이마트 에브리데이	25	11%	195	89%	220	100%
소형 프랜차 이즈	외식업	파리바게뜨	3,316	99%	39	1%	3,355	100%
		투다리	1,662	100%	0	0%	1,662	100%
		교촌치킨	1,006	100%	0	0%	1,006	100%
		김가네	407	99.8%	1	0.2%	408	100%
	판매/ 서비스업	CU	9,312	99%	97	1%	9,409	100%
		크린토피아	2,271	97%	76	3%	2,347	100%
		아리따움	1,253	93%	93	7%	1,346	100%

자료 : 공정거래위원회(2015)
※ 대형프랜차이즈 : 각사 홈페이지(2016년 기준)

직영점과 가맹점을 병행해서 전개해야 효율이 높아지는 이유
는 또 있다. 규모의 경제를 통한 물류의 바잉파워를 극대화 할 수
있어 비용을 낮추고 수익을 높이는 데 기여하므로, 가맹사업은
중형 프랜차이즈에 있어 최대한 주력해야 할 사업영역이다.

또한 통상 프랜차이즈 브랜드 파워는 매장 수에 비례하게 되어
있다. 가맹점을 통해 매장수가 폭발적으로 늘어나면 브랜드 파워

를 더 키울 수 있다.

그리고 리스크 분산에도 효율적이다. 왜 세계최고의 시스템을 갖춘 맥도날드가 100% 직영으로만 전개하지 않는지를 잘 살펴볼 필요가 있다. 가맹점은 불황이나 시장의 급변상황, 그리고 브랜드의 추락 등 본사가 유사시 투자리스크를 분산시키는 효과가 있는 것이다.

그 다음은 소형 프랜차이즈 전개전략이다.

소형 프랜차이즈 매장 수의 국내 최대 임계치는 소형 일반상권 1,000개 내외와 소형 특수상권이 있는데, 소형 특수상권으로는 전국적으로 그 수가 파악되지 않은 많은 주상복합빌딩 내의 상가와 동네 쇼핑센터가 있다. 또 파리바게뜨, 아리따움과 같이 경쟁력이 있는 소형 프랜차이즈 등은 대형 일반상권 100개와 중형 일반상권 200개에도 입점할 수 있다.

대부분의 치킨브랜드들은(처갓집양념통닭, 페리카나치킨 등) 잘 나가면 최대 1,500~2,000개 수준까지 매장을 전개한다. 그러나 경쟁에서 밀리기 시작하면 그 수가 700~800개 내외로 줄어들면서 지방을 중심으로 명맥을 유지하거나 도태되기도 한다.

교촌치킨은 매장을 1,000여 개 수준을 유지하고 있는 매우 우수한 브랜드이다. 교촌은 마음만 먹으면 전국에 추가로 400~500개 이상의 매장을 1~2년 내 오픈이 가능하지만 회사의 상권정책이 가맹점주의 수익보장이라서 확대를 자제하는 우수 사례이다.

투다리도 2,000개까지 오픈했다가 최근에는 1,700개 수준에서 운영되고 있다.

파리바게뜨는 2016년 현재 3,500개를 넘어서, 매장숫자가 과
도한 측면이 있다. 파리바게뜨의 명성은 훌륭하지만, 점주들의
평균수익은 월 400~700만 원 내외가 주를 이루어 높은 수익성
의 브랜드는 아니다. 다만 망하지 않는 안정성 위주의 브랜드파
워를 가지고 있다.

전국 2,000~2,500개 수준에서 매장수가 동결되었다면 파리
바게뜨 가맹점의 평균 수익률은 훨씬 더 높아질 수 있다고 예상해
볼 수 있다. 그것은 교촌의 가맹점 수익성이 다른 치킨브랜드의 2
배 이상 높은 것에서 알 수 있다. 그러나 브랜드 운영방식은 전적
으로 본사의 전략과 소관이다.

주요 치킨프랜차이즈 본사 매장당 매출액 비교

(단위 : 억원 / 개점)

구분	2011			2012			2013			2014			2015		
	매출액	매장수	본사 매장당 매출액	매출액	매장수	본사 매장당 매출액	매출액	매장수	본사 매장당 매출액	매출액	매장수	본사 매장당 매출액	매출액	매장수	본사 매장당 매출액
교촌 치킨	1,140	962	1.2	1,425	944	1.5	1,741	950	1.8	2,279	965	2.4	2,576	1,006	2.6
BBQ	1,561	1,552	1.0	1,698	1,555	1.1	1,752	1,571	1.1	1,913	1,712	1.1	2,159	1,730	1.2
처갓집 양념치킨							352	898	0.4	387	898	0.4	434	897	0.5

자료 : 공정거래위원회

물론 편의점의 매장확대 임계치는 대형, 중형은 물론 소형상권
에도 2개 이상 입점시키고 또 전국의 수많은 소형 특수상권인 주
상복합빌딩의 입점이 점점 많아지면서 브랜드당 매장수가 이미
5,000개를 넘어 1만 개 수준까지 왔다.

그렇기 때문에 편의점들이 24시간 강도 높은 운영을 하고도 월 200~300만 원 수익에서 대부분 머무르고 있고, 월 수익 200만 원이 못되는 매장도 부지기수이다.

최근 도시락의 판매가 급격히 확대되면서 매출이 30~40% 이상 증가하고 있어 가맹점주의 수익확대가 기대된다.

그러나 장수브랜드라는 말 안에는 본사와 더불어 가맹점주도 포함되며, 가맹점주의 수익과 행복도 포함되어 있다고 본다. 그런 면에서 운영이 어렵고 괴로워 자살하는 점주가 생기기까지 하는 편의점의 매장수 확대 전략은 제고해 볼 사회적 필요가 있다고 본다.

또 소형 프랜차이즈는 직영점을 위주로 운영하는 것은 매우 비효율적이다. 대부분 매장이 규모가 작고 소형이라, 수익을 최대한 올려야, 매장당 월 몇 백만 원 수준의 수익이라, 여러 개의 직영점을 운영해도 본사의 수익기여에 매우 미미하다.

뿐만 아니라 소형 직영매장 5개를 운영하는 직간접 관리비용이나, 중형 직영매장을 5개 운영하는 직간접 관리비용이 비슷한 수준이며 약간의 차이를 보일 뿐이다.

그러나 수익은 중형 프랜차이즈 직영점과 소형 프랜차이즈 직영점은 아이템에 따라 다르지만 5배~10배까지 차이가 난다. 소형 프랜차이즈 직영점이 최대 월 수익 300~600만 원 내외 라면, 중형 프랜차이즈 직영점은 최대 월 수익 1,000~5,000만 원인 것이다. 물론 BHC 비어존과 같이 배달 위주 소형매장에서 변형된 소형 프랜차이즈 매장은 예외적 수익을 올릴 수도 있다.

그러므로 소형 프랜차이즈의 직영매장은 상권의 특성에 따른 운영 데이터, 운영 사례, 신상품 출시 동향 데이터, 고객 동향 파악 등 외에는 크게 기여하지 못한다. 안테나Shop 정도가 필요할 뿐이므로 소형 프랜차이즈는 직영점을 최소화(1~5개 내외)하고 가맹점 확대에 전사적 역량을 집결해야 한다.

보통은 매장이 소형이라 신규개설 가맹점당 개설수익이 통상 1000~3000만 원으로, 중형 프랜차이즈의 3,000~5,000만 원보다 작지만, 전국적으로 오픈 가능한 매장수가 최소 1,500개에서 2,000개 내외이므로, 전국적으로 다 오픈시킬 경우, 전체 개설수익의 규모는 수백 억 수준이 되어, 본사의 사업확장과 자금조달에 큰 기여를 할 수 있다.

중형 프랜차이즈도 마찬가지지만 소형 프랜차이즈는 매장수보다 폐점률이 더욱 더 중요하다.

프랜차이즈의 자연 폐점률은 2%이다. 통상 폐점률이 10%가 넘어서면 절대 장수하는 우수브랜드가 될 수 없다. 일 년에 100~200개가 폐점하고 오더맨 같은 영업사원을 동원해 가맹영업에 몰입해서 또 100~200개가 오픈해서 그 전체 숫자를 유지하거나 늘려가는 방식의 본사는 결코 우수브랜드가 되어 장수할 수 없기 때문이다.

이와 같이 프랜차이즈의 전개방식은 제각기 다르다. 대형 프랜차이즈는 100% 직영체제로 운영될 때 사업 효율이 가장 높고, 반대로 소형 프랜차이즈는 안테나Shop을 제외하고 100% 가맹체제로 운영될 때 사업효율이 가장 높다.

그리고 중형 프랜차이즈는 직영과 가맹을 보통 외식업 프랜차

한국시장의 프랜차이즈 상권에 따른 매장 전개 기준표

구분		상권		
		입점가능 일반상권	입점가능 특수상권	최대 임계치
대형 프랜 차이 즈	■ 패밀리레스토랑 아웃백 ■ 할인마트 이마트 ■ 백화점 롯데백화점 ■ 학원 파고다어학원	전국 100개 내외	■ 대형몰	아이템 특성에 따라 Min 100 Max ~120개
중형 프랜 차이 즈	■ 화장품 더 페이스 샵 ■ 아이스크림 배스킨라빈스 ■ 음식점 놀부부대찌개 ■ 귀금속 로이드 ■ 이자까야 와라와라 ■ 드럭스토어 왓슨스	대형상권 100개 내외 중형상권 200개 내외	■ 대학상권 (70~80개 내외) ■ 백화점 (96개) ■ 대형마트 (418개) ■ 역-터미널 (약 30~50개) ■ 아파트단지 (100개 이상) ■ 고속도로휴게소 (185개) → 900개 내외	아이템 특성에 따라 Min 300 Max ~1,200개
소형 프랜 차이 즈	■ 편의점 CU ■ 화장품 아리따움 ■ 베이커리 파리바게뜨 ■ 호프 투다리 ■ 치킨 교촌치킨 ■ 세탁 크린토피아	전국 1,000개 내외	■ 주상복합빌딩 ■ 중소형쇼핑센터	아이템 특성에 따라 Min 1,000 Max ~2,000개

자료 : 유재은 프랜차이즈 전략연구소

이즈의 경우는 10 : 90 내외의 비율로, 판매업 프랜차이즈는 매장 수익성과 상황에 따라서 훨씬 더 높은 직영의 비율로 병행하여 운영될 때 최대한 사업효과를 올릴 수 있다.

프랜차이즈 법칙 17. 전개의 법칙

대형 프랜차이즈는 가맹이 불가능하며 직영점 위주로 전개해야 하고 중형 프랜차이즈는 직영과 가맹점을 적절히 잘 병행해서 전개 해야 하고, 소형 프랜차이즈는 직영점수를 최소화하고 가맹점 위주 로 전개할 때 프랜차이즈 사업 효율이 높아진다는 법칙을 말한다.

황새의
법칙

The Franchise Law
in the Korean Market

18
황새의 법칙

"프랜차이즈 시장을 이끄는 황새족(Early Adopter)을 잡으면,
나머지 뱁새족(대중화)은 따라온다."

프랜차이즈 사업의 궁극의 성공은 전국적인 대중화이다. 젊은 층으로 대중화이든, 노인층으로 대중화이든, 피자와 같이 전 계층의 대중화이든 결국 그 분야 그 아이템의 성공은 대중화를 이루어 내야 프랜차이즈는 명실공히 성공한 브랜드가 된다. 그러다 보니 우리는 모든 고객을 다 우리 고객으로 만들고 싶은 충동을 이기지 못하고 모든 고객을 확보하기 위한 전략적 오류를 범할 때가 많다.

주변의 외식 식당들을 살펴보면 이러한 현상을 더욱 많이 찾아볼 수 있다. 장사가 잘 안 되는 매장일수록 메뉴가 다양하고 가짓수가 넘쳐난다는 것이다. 단골고객이 더 자주 방문하라고 메뉴를 늘리기도 하지만, 이 손님도 저 손님도 놓치고 싶지 않은 마음이

있기 때문이기도 하다. 일반 식당에서 김치찌개와 된장찌개를 팔다가 육개장도 메뉴로 올리고, 삼계탕도 추가하고, 부대찌개도 추가하면, 고객들이 더 많이 몰려와 줄까? 결론은 우리 모두가 고객으로서 경험해 왔듯이 그렇지 않은 것이다.

실제로 외식 시장에서는 김치찌개, 된장찌개 하나만 잘 해도 고객이 몰리는 것을 볼 수 있다. 이처럼 모든 고객을 다 사로잡으려는 전략으로는 오히려 어떤 고객도 잡지 못하는 결과를 초래하게 된다. 그래서 고객 타겟팅은 마케팅에서 매우 중요한 전략이다. 황새의 법칙은 타겟팅에 대한 얘기이다.

황새의 법칙은 다음과 같은 원리이다.

'소비자 행동학'의 관점에서 특정 집단의 소비패턴을 주변 집단이 추종하거나, 까탈스러운 구매행동을 보이는 특정 소비자를 만족시키면 80%의 나머지 고객층을 만족시킬 수 있는 현상이 나타나는데, 그 특정 소비집단을 황새족이라 부르기도 한다.

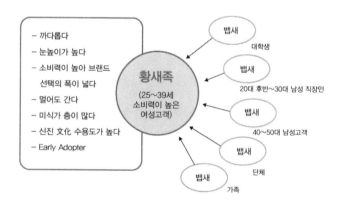

※ 과거 25~35세였으나, 골드미스 등의 증가로 25~39세로 확장되었음

자료 : 유재은 프랜차이즈 전략연구소

TGI, VIPS, 아웃백스테이크 하우스 등은 말 그대로 패밀리 레스토랑이다. '패밀리' 그러니까 Family(가족)가 타깃이다. 가족이 타깃이니 엄마, 아빠, 애들, 젊은이 모두가 타깃인 셈이다.

그러면 이런 패밀리 레스토랑은 론칭 시에 마케팅 타깃을 가족으로 시작했을까? 아니다.

지금은 3위 브랜드로 전락했지만 한때 패밀리 레스토랑의 리딩브랜드였던 TGI는 90년대 론칭했을 당시, 강남 위주로 시작했다. TGI의 주 고객으로 당시 경제적으로 여유 있고 소비수준이 높고 외모도 깔끔한 세련된 여성고객층들이 몰려들었다. 그 깔끔하고 세련된 여성고객층들이 몰리다 보니 그들의 남자친구나 애인 또는 유사한 고객층들이 몰리게 되었고, 소위 잘나가는 세련된 젊은 남녀의 데이트코스로 각광받았고 그런 부류의 고객 단체 모임도 뒤따랐다.

25~35세의 소비력이 높은 여성을 타깃으로 시작해서 세월이 흐르고 매장이 많아지면서 고객층은 점차 넓어져 지금의 가족 모두가 이용하는 패밀리 레스토랑이 된 케이스이다.

그러나 최근에는 오히려 황새족들은 외면하고 있고 10대와 20대 초반 젊은 층, 그리고 젊은 부부 위주의 가족고객이 주류를 이루는 추세이다.

또 다른 예는 스타벅스이다. 국내에서 처음 론칭했을 때 스타벅스 한국지사는 타깃을 황새족으로 했다. 그래서 이대 앞에 1호점으로 시작해 명동에 4층짜리 초대형 카페를 오픈시켰다.

인테리어 전략, 가격 전략, 매장운영 전략, 맛의 기호도 등 모든 전략은 이 소비수준이 높으면서 민감한 고객층인 황새족에 맞추어서 마케팅 전략을 구사해 왔다.

십수년이 지난 지금 스타벅스의 고객은 황새족만이 아니라 20대, 30대, 40대 남자들, 대학생은 물론 광화문, 종로 상권의 매장에는 나이드신 어르신, 노인분들도 다수의 고객층으로 자리 잡았다. 궁극의 타깃은 지금의 다양한 고객이었을 것이다. 그래야 매장이 전국 900개에 연매출 약 7,739억 원(2015년 기준)이 가능하며 전국화 할 수 있다. 최근 1,000호점을 오픈했다.

그래서 브랜드 론칭시 타깃전략은 황새족에 맞추어야 한다. 물론 모든 브랜드가 예외 없이 다 그런 것은 아니다. 하지만 새로운 트렌드를 찾아내야하는 민감한 아이템들의 경우는 이 황새족을 공략하는 것이 사업적 성공을 이끄는 데 필수 전략일 때가 많다. 예를 들어, 최근 급부상하는 트렌드 중 하나인 Pub시장이다.

이태원과 경리단길 등을 중심으로 전국적으로 점점 확대되고 있는 수제맥주 전문점과 같은 'Pub'시장의 고객은 결국 대중화되어 20, 30, 40, 50대까지 확대될 수밖에 없는 시장이다.

그러나 시장에 론칭할 때는 황새족을 주 고객으로 메뉴 구성, 메뉴 맛, 인테리어 시설설비, 가격전략, B.I전략, S.I전략 등 브랜드 마케팅 전략을 펼쳐야 성공할 수 있다.

앞서 말한 20, 30, 40, 50대 그리고 남녀 모두를 겨냥한 전략은 시장에서 성공하기 어렵고 결국 퇴출되기 마련이다. 시장의 공략은 황새를 먼저 잡아야 한다. 그러면 뱁새는 자연히 몰려오게 되어 있다.

트렌디한 프랜차이즈 아이템의 경우 모든 고객에 맞추기보다 이 시장을 이끄는 트렌드 리더인 황새족(Early Adopter)을 잡으면, 나머지 뱁새족(대중화)도 따라오게 되는 법칙을 말한다.

시장후점의
법칙

The Franchise Law
in the Korean Market

19
시장후점의 법칙

"통상 마케팅에서 중요시하는 시장의 선점이라는 것이
프랜차이즈에서는 큰 의미가 없다.
베이커리 시장을 가장 먼저 선점했던 크라운 베이커리가 이미 망해버린 것처럼,
패밀리레스토랑 시장을 선점했던 TGI가
아웃백에게 1위를 빕스에게 2위를 내주고 3위로 전락한 것처럼,
시장의 선점이 중요한 것이 아니라 경쟁력을 갖춘
후점이 더 효과적이고 중요한 것이 프랜차이즈이다."

마케팅의 시장선점 효과가 프랜차이즈에서는 큰 의미가 없다.
뒤에 기술되어 있지만, 먼저 시장을 선점한 크라운 베이커리가
추락했던 것처럼 시장선점이 큰 의미 없는 시장이다. 시간적 선
점이 아닌 경쟁력을 갖춘 후점이 먹히는 시장이다.

브랜드를 만들어 론칭하고 나면, 브랜드 포지셔닝을 위한 마케
팅이 대대적으로 시작된다. 그리고 전국적으로 많은 매장을 만들
어 브랜드를 빨리 알리고 싶어 한다.

이때 등장하는 마케팅 논리가 시장선점이다. 프랜차이즈에서
의 시장선점은 전국적으로 흩어져 있는 상권에 신규 매장을 경쟁
자보다 더 빨리 더 많이 오픈시키는 것이다.

과연 그것이 프랜차이즈 사업의 핵심적 마케팅일까? 경쟁자보다 전국적으로 더 많이 매장을 오픈시켜서 상권별로 먼저 입점해서 자리 잡아 놓으면 프랜차이즈 사업이 잘되는 것일까? 그게 프랜차이즈 마케팅의 중심전략이 되는 것이 합당한 전략일까?

국내에 패밀리레스토랑 시대를 시작한 최초 브랜드는 '코코스'였다. 코코스라는 일본 패밀리레스토랑을 미도파가 도입해서 전국에 50여 개까지 오픈시키며 승승장구하던 시절이 있었다. 90년대는 국내 대형 일반상권이 지금보다 적어서 전국적으로 60~70개 수준이었던 것을 감안하면 웬만한 대형상권에 모두 오픈시켜서 상권별로 선점했다고 볼 수 있다.

가격대가 지금의 패밀리레스토랑보다는 많이 저렴했지만, 전국적으로 산재해 있던 '경양식'이라는 동네 레스토랑들이 점점 사라져 갈 무렵 일본에서 온 서구식 스타일의 코코스는 인기 만점이었고, 일찌감치 전국에 대형 일반상권을 선점하며 전국브랜드로 자리매김 하는 데 성공했다. 말 그대로 국내시장에서 패밀리레스토랑 업계의 시장선점에 성공했다.

그런데 국내 시장선점에 성공하고 패밀리레스토랑의 탑 브랜드로서 포지셔닝에도 성공했지만, 지금 코코스 매장은 찾아볼 수가 없다.

초기에는 서구식 레스토랑이라는 운영방식의 호감도가 상승작용을 하고 가격도 높지 않아 고객확보에 성공했지만, 메뉴규성을 비롯한 기본적인 경쟁력이 타 브랜드에 밀리기 시작하면서 고객이 줄어들기 시작했다.

1990년대 들어 먹거리가 많아지고 외식사업의 붐이 형성되면서 그 정도의 비용을 들이거나 조금 더 보태면 이용가능한 피자헛, 미스터피자, TGI, 아웃백, 빕스 등이 등장하기 시작하며 경쟁에 밀리기 시작했고, 더욱이 운영본사인 미도파도 매각되면서 더 큰 경영공백도 생겨났었다.

하지만 경쟁력 있는 매장은 늘 고객이 몰려오기 때문에 수익성이 좋아 타 기업이 인수해도 결코 사업을 철수하는 일은 없다. 그러므로 코코스의 한국 운영본사였던 미도파의 매각이 코코스 브랜드 몰락의 결정적 요인은 아닌 것이다.

코코스 패밀리 레스토랑의 경쟁력 약화가 핵심원인이었다. 다른 브랜드의 진출러시로 인해 가격대비 메뉴의 맛이 상대적으로 떨어지기 시작했고, 메뉴 구성도 단조로웠다. 더욱이 매장 분위기도 레스토랑보다는 인테리어나 테이블 배치로 볼 때 덩치 큰 패스트푸드 매장 수준으로 점차 전락해갔다.

경쟁력 높은 경쟁 브랜드가 없을 땐 혼자 선점하고 혼자 독점하는 게 가능했지만, 우수한 후발주자가 많아지니 자연히 경쟁에서 밀리고 도태되었다. 그보다 조금만 더 돈을 내면 이용 가능한 당시 맛있는 피자헛 매장이나, 분위기 좋은 미국 스타일의 TGI, 아웃백 매장 등으로 고객은 이동하기 시작했다.

그 다음으로 등장한 TGI는 좀 더 고급스러운 매장으로 강남에 등장하면서 강남의 황새족들을 모으는 데 성공한다. 90년대 들어서 당시 강남일대의 TGI 매장은 소위 강남에서 잘나가는 젊은 층이 모이는 몇 안 되는 브랜드로서 인기를 모으며 확장해갔다.

전국적으로 40~50개의 매장을 각 대형상권별로 선점해 가며 확장했다. 이 역시 마케팅의 포지셔닝 법칙에 따라 국내고객들에게 탑 브랜드로서 포지셔닝에 성공하며 패밀리레스토랑의 대명사가 되었다. 이렇게 해서 TGI의 시장선점은 성공했다.

그런데 지금은 TGI가 국내 패밀리레스토랑의 3위 브랜드로 전락해 있지 않은가. 모두가 다 직영매장이다 보니까 본사의 자금이 부족해서 매장을 더 오픈시키지 못한 것 같지는 않다. 이미 롯데그룹이 인수해서 외식사업수준의 자금은 걱정 없는 대기업의 계열사가 되어 있었기 때문이다.

아웃백은 느끼해하는 고객을 위해 미국식 레스토랑임에도 김치제공 서비스를 고려할 정도로 미국의 식문화를 강요하지 않고 한국화, 토착화에 주력했고, 모든 고객에게 에피타이저로 부쉬맨 빵을 제공하는 당시로서는 파격적인 고객서비스로 앞서 갔다.

런치메뉴도 프리미엄 대중식의 점심 객단가의 가격 저항선인 15,000원 이내의 차별적 메뉴도 론칭하였으며 전체 메뉴 구성도 고객의 입맛과 트렌드를 고려하여 업계에서 가장 선도적 위치를 유지시켜 나갔다.

점장체제도 단순히 월급제가 아닌 점포수익에 따른 과감한 인센티브제로 매장들이 매너리즘에 빠지지 않도록 살아있는 매장관리체계를 통해 앞서 나갔다.

그 결과 TGI보다도 후발 주자였지만 전국에 108개의 대형매장을 외식업 최초로 오픈시킨 대한민국 패밀리 레스토랑의 대표 브랜드로 등극했다. TGI는 당시 시장을 전국 50개 매장으로 이미 선점하고 있었는데 그 선점효과는 도대체 얼마나 작용한 것일까.

하지만 아웃백도 계속 진화하는 국내 고객의 니즈를 파악하지 못하고 2015년에 매출 하위 30개 매장을 폐점시키고 현재는 70개 정도의 매장을 운영하고 있다. 그사이 2003년에 시장에 들어온 이랜드그룹의 애슐리에게 1위 자리를 내주고 말았다.

애슐리는 Classic, W, W+, Marine 등 네 가지 모델로 전국에 140여 개의 매장을 운영하고 있다. 각각의 모델은 메뉴의 종류와 수에 따라 다른 가격대를 가지고 시장을 세분화하는 전략을 사용했다.

그리고 전체적으로 타 브랜드 대비 경쟁력 있는 가격과 맛으로 현재까지 패밀리 레스토랑의 1위 브랜드로 자리매김하고 있다.

CJ가 운영하는 '빕스'도 후발이긴 마찬가지였다. TGI가 잘 나갈 때 빕스가 뭐냐고 물어 보는 사람들이 많았는데 빕스는 VIPS, 즉 'Very Important Persons'의 약자라고 아는 체하던 사람들이 이제 막 생겨나고 있을 때였다.

하지만 빕스는 뷔페식 레스토랑을 지향하면서도 웰빙 트렌드에 맞춰 샐러드를 강화하여 고객의 니즈에 부응했고, 전국적으로 80여 개를 오픈시키며 확장되었고 업계 2위로서 자리하고 있다.

빕스의 약진 때 상권별로 먼저 입점해서 시장을 선점해 있었던 TGI는 무엇을 하고 있었을까. 왜 고객들은 시장선점의 프리미엄을 인정해 주지 않고 아웃백과 빕스가 더 크게 성장하도록 도와준 것일까. 시장선점을 인정해 주지 않은 것은 고객의 잘못인가.

프랜차이즈에서는 가격대비 더 맛있고, 고객 취향에 맞춰 더

국내 패밀리레스토랑 브랜드 현황

(단위 : 개점)

브랜드	시작연도	매장수													
		2003	2004	2005	2006	2007	2008	2009	2010	2011	2012	2013	2014	2015	2016
TGIF	1992	25	33	39	51	51	30	31	35	37	42	45	40	34	33
베니건스	1995	19	20	26	31	32	30	26	32	24	26	23	12	3	사업철수
씨즐러	1995	5	6	7	8	8	5	2	-	-	사업철수				
토니로마스	1995	7	7	7	7	6	5	15	-	-	-	1	사업철수		
마르쉐	1996	11	9	9	7	6	5	4	-	-	-	사업철수			
아웃백	1997	33	50	70	88	98	101	101	101	103	105	108	107	75	75
빕스	1997	15	22	41	67	80	74	74	74	76	80	90	89	93	88
애슐리	2003	1	3	6	22	37	51	59	93	105	107	141	140	142	140

자료 : 유재은 프랜차이즈 전략연구소

다양하고, 고객편리에 맞춰 더 친절하면 고객은 시장선점의 마케팅 이론 따위는 안중에도 없는 것이다.

여기서 밀렸기 때문에 TGI는 시장을 선점해 놓은 뒤 탑 포지셔닝에 안착해 놓고도 3위로 밀려난 것이다. TGI의 경쟁력은 이미 다른 장에서 기술했듯 답답한 수준을 안고 있었던 것이다.

1980년대 한국 시장에는 개인들이 운영하는 제과점들이 전국적으로 약 15,000개를 헤아릴 정도로 많이 퍼져 있었다.

1980년대 들어서면서 이러한 개인들이 운영하는 제과점들과 달리 프랜차이즈 형태로 체계적으로 관리 되는 매장들이 생겨나기 시작했다. 고려당, 뉴욕제과, 신라명과 등이 전통의 제과점으로 명성을 가지고 있었지만 직영점을 늘리는 수준에서 운영되는 측면이 많았다. 이런 제과점 업계가 지금의 베이커리 프랜차이즈 시대로 본격화 된 것은 크라운 베이커리가 대표주자라 할 수 있다.

크라운 베이커리는 직영점이 아닌 가맹점 중심으로 프랜차이즈 사업을 치고 나가면서 매장을 확장해서 700여 개 이상의 매장을 전국적으로 선점해 갔다. 당시 크라운 베이커리는 100% 본사 공급체제로 프랜차이즈를 구축했는데, 본사공급에 전적으로 의존하고, 깔끔한 매장에서 제빵사 없이도 매장을 운영할 수 있는 손쉬운 운영의 장점을 가지고 있어 프랜차이즈 창업아이템으로 각광받기 시작했다. 고객입장에서는 동네 제과점보다도 다양한 빵 종류와 깔끔한 매장, 세련된 포장 등으로 만족도가 더 높은 베이커리샵으로 인기를 모아가고 있었다.

1990년대 들어서 빵에 대한 수요가 급격히 늘어나면서 쌀을 주식으로 하는 국민 대다수가 빵을 즐기게 되었다. 이때 고객의 새로운 니즈가 나타났는데, 그것은 매장에서 즉석으로 만들어지는 즉석빵에 대한 수요였다.

이러한 고객의 니즈를 반영하여 파리바게뜨는 오븐에 굽기 직전의 반죽된 빵인 생지를 매장에 공급하고 매장에서 직접 오븐에 구운 빵을 팔기 시작했다. 직접 만들어 파는 빵인 생지의 비율을 50% 이상 높여서 각 매장에서 판매했다. 고객의 수요가 파리바게뜨로 점점 더 몰리기 시작했고 크라운 베이커리의 시장선점은 별 의미 없는 일이 되고 말았다. 현재 파리바게뜨는 매장이 국내에만 3,500개 수준에 이르고 있다.

국내 주요 베이커리 프랜차이즈 매장수 현황

(단위 : 개)

NO	브랜드명	매장수											
		2004	2005	2006	2007	2008	2009	2010	2011	2012	2013	2014	2015
1	파리바게뜨	1,280	1,398	1,522	1,550	1,828	2,222	2,660	3,141	3,213	3,258	3,289	3,355
2	뚜레쥬르	516	585	693	849	1,153	1,294	1,423	1,303	1,280	1,258	1,264	1,286
3	크라운 베이커리	636	743	758	860	598	408	297	200	120	0	0	0
4	신라명과	203	230	230	230	181	135	106	88	66	67	44	37
	TOTAL	2,635	2,956	3,203	3,489	3,760	4,059	4,486	4,732	4,679	4,583	4,597	4,678

자료 : 유재은 프랜차이즈 전략연구소

크라운 베이커리는 제빵사 없는 체제로 시작했기에 매장에서 생지로 구운 즉석 빵은 내놓지 않은 채 계속 경쟁했지만 시간이 지날수록 경쟁력을 잃어 갔고, 결국 가맹점들은 한두 개씩 폐점의 길을 걸었다.

뿐만 아니라 크라운 베이커리가 IMF 당시 그룹의 퇴직하는 직원을 위주로 오픈시켜주며 1997년경 시작한 훨씬 후발주자인 CJ의 뚜레쥬르에게도 밀려 3위권 밖으로 밀려나고 나서 5~6년을 못 버티고 망하고 말았다.

분명 1990년대에는 크라운 베이커리도 베이커리업계의 선두주자로서 탑 브랜드의 이미지를 구축하고 업계 1위로서 베이커리 시장을 선점하며 먼저 치고 나갔지만, 후발주자라 할 수 있는 파리바게뜨와 뚜레쥬르의 경쟁력에 밀려 의미 없는 시장선점이 되고 말았다.

프랜차이즈 시장에서 시장선점을 강조하다 보면 몇 가지 문제점이 생겨난다.

첫째, 시장선점을 위해 빨리 치고 나가려는 전략을 쓰다 보면 매장의 입지선정이 부실해지는 경우가 생긴다는 것이다. 우선 경쟁사나 잠재경쟁 브랜드보다 빨리 먼저 시장에 선보여야 한다는 사내 분위기 때문에 치밀하고 정확한 상권조사를 실시하지 않고 대충대충 입점하는 경우가 더 많이 발생한다.

둘째, 시장선점을 위해 사업의 양적 성장에만 치우치다가 사업을 망치는 경우이다. 2000년대 초반 컴퓨터 통신 관련기업인 S기업의 경우, 시장을 먼저 선점해야 한다는 주장이 사내에 팽배해 사업 초기부터 수백억 원 분량의 기계를 한 번에 만들어서 수도권 위주의 상권별로 먼저 기계 설치부터 한 경우가 있었다. 설치 후에 고객사용방식의 문제점이 발견되어 대폭적 개선이 요구되었지만, 이미 기계가 사용방식이 불편한 상태로 생산되어 출고가 끝난 뒤라 사용방식을 개선하는 데 한계에 봉착했다. 고객의 가중되는 불만을 막아내지 못했고, 사업이 무너지는 것도 막지 못했다. 고객의 반응을 충분히 검증 후 대량 제작하면 좋았을 것을 타 기업이 진출하기 전에 시장선점을 하려는 의도로 급하게 마케팅을 펼치다 망하고 만 케이스이다. 이때의 마케팅 핵심전략도 시장선점이었다. 타기업이 들어오기 전에 먼저 시장에 쫙 깔아놓자는 전략이었다.

저가 화장품 시장도 마찬가지이다. 2003년 무렵 먼저 프랜차이즈 사업을 본격화하면서 치고 나오며 시장을 휩쓴 것은 미샤였지만, 실제 시장을 제패한 것은 동일한 가격대이지만 중저가임에도 더 깔끔하고 고급스러운 이미지의 더페이스샵인 것이다.

2016년 현재 미샤는 695개 매장, 더페이스샵은 1,203개 매장을 운영하고 있다. 미샤가 선점했던 수백 개 매장들은 국내시장 석권에 있어 어디까지 그 의미를 부여해야 옳은가. 물론 미샤도 나름대로 잘 운영하고 있지만 결국 국내 최고브랜드는 2배의 전국적인 매장수를 더 갖고 있는 더페이스샵이 석권하지 않았는가.

프랜차이즈에서 시장선점은 큰 의미가 없다. 오직 경쟁력 있는 브랜드만이 살아남는다. 충분한 경쟁력을 확보하기 위해서 브랜드 론칭을 유보하거나 매장 확산을 자제하는 것이 필요할 때가 많다.

프랜차이즈는 시장선점사업이 아니라 경쟁력 있는 브랜드만이 종국에 시장을 석권하게 되는 **시장후점의 법칙**이 적용되는 시장인 것이다.

프랜차이즈 법칙 19. 시장후점의 법칙

프랜차이즈에서는 시장선점의 효과가 크지 않으며, 나중에라도 경쟁력을 갖춘 브랜드가 출현하면 언제든 시장을 석권할 수 있는 경쟁력이 우선시되는 법칙을 말한다.

수영장의
법칙

The Franchise Law
in the Korean Market

20
수영장의 법칙

"그 많던 국내의 레드망고 매장은 모두 어디로 사라졌는가?
레드망고 전략의 결정적 실패 이유가 있다."

레드망고는 2003년도에 혜성과 같이 등장해 국내 최고 아이스
크림 브랜드로 Top of Top인 배스킨라빈스의 아성을 위협하다
가 4~5년 사이 국내에서 사라져버린 아이스크림 브랜드이다.

레드망고는 소프트아이스크림이다. 맛있는 소프트아이스크림
위에 과일, 견과류 등을 고객이 선택해서 토핑해 먹는 당시로서
는 매우 앞선 방식이라 고객의 호응도가 높아 선풍적인 인기를 끌
었고, 파스텔톤의 매장도 세련도가 높았던 브랜드이다.

배스킨라빈스는 미국에서는 결코 탑브랜드 수준이 못되지만 한
국에서는 1986년도에 지금의 SPC그룹에서 브랜드를 도입한 후
미국 세븐일레븐에서 프랜차이즈 경력을 쌓았던 정진구 사장을

CEO로 영입하여 국내에서 프랜차이즈 사업을 펼치기 시작했다.

정진구 사장은 후에 파파이스 아시아지역 책임자를 거쳐 신세계와 미국 스타벅스 본사의 50:50 합작사인 한국 스타벅스의 CEO를 맡아 국내 확산을 성공시킨 인물이다.

사실 스타벅스 정도의 브랜드를 들여오기만 하면 성공할거란 생각을 많이 갖겠지만, 유명브랜드의 도입만이 곧 성공의 보증은 아니다.

세계 2위의 패스트푸드 기업인 서브웨이가 국내에서 아직 미약한 것을 보아도 그러하며, 뉴욕에서는 모르는 사람이 없는 '오봉뺑'의 국내도입이 10년이 흘러가지만 아직도 자리 잡지 못하고 있다.

일본의 유명 파스타 브랜드인 '카프리초사'도 서울랜드가 국내에 도입했지만, 몇 년 못가서 철수했다. 세계적인 멕시칸 패밀리 레스토랑인 '칠리스'도 국내에서 자리잡지 못한 채 지금은 미군 오산기지에서만 운영될 뿐이다. 이처럼 세계적 브랜드의 한국 도입이 성공을 보장하지 못한 사례는 무수히 많다.

스타벅스 도입 당시 신세계에서 이미 만들어 놓은 당시 가격전략은 지금보다 훨씬 고가로 5,000~7,000원 이상의 가격이었다. 아마 대기업인력들이라 프랜차이즈 경험이 적어 외식프랜차이즈에 적용되는 '실속의 법칙'은 모르고, 개도국에서 잘 먹히는 '거품의 법칙'(비싸면 무조건 좋아 보이고 고급스러운 이미지면 비싸더라도 잘 먹힌다는 생각. 그러나 외식에서는 통하지 않는다)만을 생각한 것 같다.

그래서 정진구 사장은 가격대를 좀더 고객중심적으로 낮추어

지금의 스타벅스 가격으로 맞추어서 론칭했고, 국내의 에스프레소 커피시장의 큰문을 여는 데 기여하여 지금의 977개(2016년) 매장, 연매출 7,739억 원(2015년)으로 스타벅스를 확장하는 데 초석을 쌓았다.

정진구 사장은 배스킨라빈스 초기에 프랜차이즈 사업을 맡아, 프랜차이즈의 정석대로 매장을 정확한 상권, 정확한 목에 차근차근 개설해나갔다.

정진구 사장이 론칭시점에서 몇 년간 맡아 운영했던 배스킨라빈스의 입지전략(상권과 목)은 매우 훌륭하다. 지금도 상권분석의 경험이 적은 신입직원들에게는 그 상권의 배스킨라빈스 매장위치에서부터 상권분석을 시작하라고 가르친다. 왜냐하면 목이 중요한 브랜드인 아이스크림은 유동량이 A급인 목에 위치해야 하는데 배스킨라빈스는 아직까지도 이를 어긴 입점실패 사례가 거의 없기 때문이다.

훌륭한 입지전략 덕분에 견고한 프랜차이즈 시스템을 구축한 배스킨라빈스는 국내에서는 누구나 인정하는 독보적 1위 아이스크림 브랜드가 되었다.

이런 독보적 1위 배스킨라빈스의 아성에 도전했던 아이스크림 브랜드가 바로 레드망고이다. 한때지만 프랜차이즈 업계에서도 이런 추세로 몇 년 더 가면 레드망고가 배스킨라빈스를 앞서는 것이 아니냐는 의견이 나올 정도인 시절도 있었다.

그런데, 이처럼 한때 대단한 경쟁력을 가졌던 레드망고 아이스크림 브랜드는 왜 몇 년만 반짝하고 국내 시장에서 사라져 갔는가?

레드망고는 하이트광장, 육영탕수육, 사이버리아PC방과는 차원이 다른 태생을 가지고 있다. 결코 가맹지사와 오더맨 중심의 부실한 프랜차이즈 시스템의 본사가 아니었다.

스마트한 인력의 대명사인 펀드매니저 출신의 젊고 유능한 인력들이 의기투합하여 만든 아이스크림 본사이다. 당시 그 회사의 홈페이지는 지금 돌아보아도 시대를 앞서가는 세련되고 훌륭한 홈페이지였다. 홈페이지만 방문해봐도 트렌디한 아이템 중 하나인 아이스크림 본사의 신뢰도가 충분히 느껴지는 탁월한 홈페이지였다.

당시는 고객 스스로가 만드는 DIY방식이 서서히 물꼬를 트기 시작할 무렵, 레드망고는 젊은 층이 선호하는 여러 종류의 토핑을 도입했다. 딸기와 같은 과일류, 넛츠류 등을 고객 스스로가 종류와 양을 선택해서 소프트 아이스크림 위에 토핑해서 먹는 것이었는데, 아이스크림 자체도 맛있었기 때문에 당시 젊은 층에게 대단한 인기였다. 파스텔톤 인테리어의 색감이나 신선한 분위기도 앞서갔다.

배스킨라빈스 VS 레드망고

구분	배스킨라빈스	레드망고
1호점 진출	1987년	2003년
브랜드 운영기간	30년	14년
국내 매장수	1,196개	6개
매출	5,202억 원 ((주)비알코리아전체매출)	19억

자료 : 공정거래위원회(2015)

스마트하고 감각적인 본사 인력들이 내놓은 전략은 시장을 압도했고, 레드망고의 열풍은 그렇게 시작되었다.

근데 왜 몇 년을 못가고 주저앉았을까?

그것은 그들이 결정적으로 '**수영장의 원리**'를 잘못 적용했기 때문이다.

수영장을 운영하시는 분들을 만나본적이 있는가? 그분들은 무더운 여름날 고객이 몰려오면 오는대로, 수영장이 물(水)반 사람 반이 되더라도 아랑곳하지 않고 입장객을 계속 받아 고객의 불평을 들을 때가 많다.

하지만 수영장사업자는 오히려 볼멘소리를 한다. "저희는 두달 장사해서 일 년을 먹고살기에 어쩔 수가 없습니다."라고. 장사가 되는 더운 여름 최대 두 달 동안 최대의 매출을 끌어올리는 수밖에 없다는 간단한 장사원리이다. 호응하고 싶지는 않지만, 일견 이해하려고 노력하고 싶어지는 장사논리이다.

그런데, 이 수영장의 장사원리를 레드망고에 잘못 적용한 것이다.

레드망고 역시 아이스크림 사업이므로, 더워지는 5월에서 찬바람이 불기 직전인 10월까지 약 6개월, 즉 반년장사인 셈이다. 비수기에는 매출이 절반 이하로도 떨어진다. 그래서 그들의 전략은 벌 때 벌고, 그 번 돈으로 비수기인 11월부터 4월경까지 5~6개월을 버티는 전략으로 급선회하기 시작했다.

론칭 초기 레드망고의 오픈을 보면 배스킨라빈스의 입지전략과 유사했다. 좋은 상권과 목 좋은 곳에 1층 점포를 10평 내외에서 오픈하는 것이었다.

그러다가 수영장의 원리를 적용하여 고객을 최대한 많이 받을 수 있는 50~100평의 넓은 매장으로 옮겨갔고, 1층은 권리금과 임대료가 감당이 안 되므로, 투자효율성을 살린다는 전략으로 2층에 입점하는 것으로 전략을 바꾸었다.

처음에는 먹히는 것 같았다. 적어도 한여름에는 더우니까 아이스크림을 찾는 고객으로 매장을 가득 채울 수 있었다. 그리고 매장평수가 넓어지니까 본사의 인테리어 수익도 상당한 규모로 기여하기 시작했고, 아마도 효율극대화의 전략이 성공했다고 확신한 순간도 있었을 것 같다.

그러나 그분들은 가장 중요한 한 가지를 놓쳤다. 그것은 매장고객이었다.

프랜차이즈 고객은 이중구조이다. 1차고객인 매장고객(매장손님)과 2차고객인 가맹고객(가맹점주)이다.

두 고객을 모두 계속적으로 만족시킬 때 프랜차이즈 사업은 장수한다.

수영장원리로 2차고객인 가맹점주는 만족시키는 것 같았지만, 1차고객인 매장고객을 놓친 것이다.

왜 매장고객을 놓쳤는가? 생각해보라. 한여름에 꽉꽉 찼던 매장을 이용하던 어떤 남녀커플고객이 찬바람이 쌩쌩부는 한겨울에 매장을 방문했다고 상상해 보자.

그 두 사람은 함께 아이스크림을 먹기 시작하다가 그 넓은 100평 매장에 고객이 달랑 자기 둘뿐인 것을 발견했을 때, 아무도 없으니까 한적하고 너무 좋다고 이야기할 고객이 있겠는가? 이 겨울에 썰렁한 매장을 이용하는 자기들의 라이프스타일이 트렌드를 벗어난 뭔가 촌스러운 선택이라는 의구심이 들지는 않을까?

고객이 썰렁한 프랜차이즈 매장의 이미지가 좋게 형성되고 유지된 사례는 없다. 이런 식으로 레드망고의 세련되고 잘 나가는 이미지는 서서히 무너져 갔다. 특히 겨울이 되면 텅빈 매장, 썰렁한 고객의 이미지가 점차 확산되기 시작했다.

우리가 보기에 맛도 없고, 별로인 매장도 고객들로 꽉차서 넘쳐나면, 그래도 뭔가 있겠지 하면서 인정할 수밖에 없는 것이 외식 브랜드이다. 최근의 트렌드도 변화의 길에 들어선 지 오래이다. 대형 매장, 대규모 매장 선호도가 사라지고 고객이 줄서서 기다리고 매장 가득 고객으로 꽉 찬 맛집 중심의 소형매장이 더 고객에게 각광을 받고 있다.

프랜차이즈에서 인테리어는 매우 중요하다. 시간이 지날수록 그 비중은 높아져 간다. 그 중요한 인테리어의 화룡점정이 무엇인가? 그것은 바로 사람(고객)이다. 매장을 방문하는 사람(고객)이 인테리어의 마지막 핵심요소인 것이다.

좋은 인테리어에 세련되고 수준 있는 고객 위주로 매장을 채우면 그 매장은 분위기가 더욱 업그레이드되는 좋은 매장이 되지만, 촌스러운 분위기의 아줌마와 아저씨들만 잔뜩 몰려 있다면, 세련된 분위기는 이미 기대할 수 없게 된다.

아이스크림 전문점, 커피 전문점, 디저트 전문점 등은 트렌디한 성향의 아이템이라 더욱 그렇다.

그렇다면 한겨울 고객이 드문드문 앉아있는 썰렁한 레드망고 매장에 왔던 그 커플고객이 또 오겠는가? 그들은 다른 카페나 유사한 매장을 찾아 나선다. 그들의 데이트 분위기에 플러스가 되는 브랜드의 고객으로 옮겨가게 된다.

그들이 5월이 되어 다시 더워지면 다이어리에 체크해 놓았다가 이제는 레드망고 매장도 다시 고객이 많아졌을 테니 다시 찾아갈 것 같은가? 그런 고객은 매우 적은 소수이다. 이미 자기들 나름대로 대체 브랜드나 대체 매장을 찾아서 이용하고 있었기에 다시 레드망고를 찾아 돌아오는 고마운 고객의 수는 제한적일 수밖에 없다.

그래서 매장은 점차 망가지기 시작한다. 단골고객을 꾸준히 유지하면서 매장을 유지해가야 장수할 수 있는데, 그것을 놓친 것이다.

그렇다면 배스킨라빈스의 경우는 어떨까?

배스킨라빈스는 최근 들어 일부 cafe형으로 시도하는 매장을 제외하고, 아직도 10평 내외에서 매장을 오픈하고 운영한다.

테이블은 보통 4~5개 내외가 많다. 주로 테이크아웃 고객을 위주로 한다. 매장 이용고객은 2~3개 테이블만 앉아 있어도 어쨌든 전체 테이블수가 4~5개이니까 꽉 차 보인다.

여름에는 당연히 꽉 차게 앉아 있고 겨울에도 2~3개 테이블에서 적어도 1~2개 테이블은 고객이 앉아 있으니 매장이 썰렁해 보이지 않는다. 오히려 겨울인데도 매장이용고객이 꾸준해 보이는 착시효과가 생겨난다.

사실 고객은 전체 테이블 중에서 몇 개 테이블에 고객이 앉아 있는가 하는 감각적 느낌으로 브랜드의 고객이용도를 체크한다. 매장이 몇 평인지, 테이블이 몇 개인지 관심이 없고, 그냥 내가 보기에 전체 매장 테이블의 몇 % 정도가 앉아 있는지가 브랜드평가의 첫째 기준이다.

　똑같은 5개 테이블에 고객이 앉아 있다고 할 때, 전체 테이블이 5개면 5개 테이블이 꽉찬 100% 점유율의 매장으로 장사 잘되는 자리가 없는 만석집의 이미지로 기억되고, 만약 전체 테이블이 30개인 매장이면 5개의 착석 테이블은 결국 15%밖에 안 찬 썰렁한 매장이 되는 게 외식고객의 매장 이미지 평가방식이다.

　그렇게 31가지 메뉴를 다양하게 제공하는 배스킨라빈스는 올 겨울도 대부분의 매장이 북적이며, 꽉 차 보이고 고객이 겨울에도 늘 이용하는 번성매장의 좋은 분위기를 이어가고 있는 것이다.

　또 다른 사례도 있다. 바로 설빙이다. 빙수로 히트한, 2014년에 부산에서 시작한 브랜드로 이미 널리 알려져 있다.

　그런데 이 '설빙'이 레드망고의 전철을 밟고 있는 듯해 안타까운 마음이 든다.

　설빙 역시 트렌디한 계절 브랜드인데, 여름장사하는 아이스크림과 유사한 연간 매출구조를 가지고 있다. 인절미 빙수라는 좋은 아이디어와 재치 있는 아이템으로 잘 시작한 브랜드이다.

　그런데 최근 오픈했던 매장들을 보면 레드망고와 같이 2층 또는 3층에 80평, 100평대의 대형매장 중심으로 오픈시켜 놓았다. 벌써 동부이촌동의 설빙 매장은 작년 여름만 해도 웨이팅이 걸리는 매장이었는데, 지난 겨울이 지나고 보니 올 여름에는 고객이 반으로 줄어 버렸다.

겨울이 다가온 요사이 지나다 보니 매장의 고객이 잘 보이지 않는다. 이번 겨울이 또 지나면 앞으로 어찌될지 우려가 된다.

설빙과 유사한 미투 브랜드인 호미빙, 파시야, 위키드스노우 등은 이미 시장에서 사라지기 시작했다.

설빙은 수영장의 원리를 도입해서 낭패를 본 레드망고의 전철을 밟지 않고 더 탁월한 전략을 찾아내서 장수브랜드가 되길 기대해 본다.

프랜차이즈 법칙 20. 수영장의 법칙

브랜드 이미지를 생각하지 않고 두 달 벌어 일 년을 먹고사는 수영장 사업처럼 여름철 매출극대화를 위해 넓은 매장으로 2층으로의 대형화에 치중하는 전략은, 비수기의 넓은 매장에 급격히 줄어든 고객수로 텅 빈 매장은 브랜드이미지를 급격히 추락시켜 사업을 위태롭게 하는 법칙을 말한다.

회전율의
법칙

The Franchise Law
in the Korean Market

21
회전율의 법칙

"정해진 시간대에 최대한 많은 고객을 유치해서
테이블 회전율을 높이려는 방식은 잘못된 전략이다.
고객의 만족도를 높여서 고객수가 늘어나면
방문시간대가 저절로 확장되면서 회전율이 높아진다."

프랜차이즈업에서 특히 외식에서 있어서는 회전율이 중요하다. 정해진 시간 안에 정해진 테이블 안에서 고객들이 얼마나 먹고 가느냐가 매출을 좌우하기에 회전율을 중요시할 수밖에 없다.

그러나 이 회전율의 틀에 갇혀서 마케팅전략을 잘못 구사하는 사례가 많다. 보통 외식은 점심시간대에 고객이 몰리고 저녁시간대에 고객이 몰리고 영업은 종료된다. 그러므로 점심시간 1~2시간 안에, 저녁시간 1~2시간 안에 최대한의 고객을 받아야 매출을 극대화할 수 있다는 생각에서 인테리어전략, 고객대응 전략, 메뉴구성 전략 등이 이루어진다. 여기서 마케팅 전략의 오류가 발생한다.

모든 전략의 최우선 공통점은 고객만족이다. 그런데 정해진 시간과 정해진 테이블에 집착하다 보면 마케팅 전략의 오류를 범하게 된다.

그 첫 번째 사례가 커피빈의 아쉬운 전략이다. 커피빈은 커피 맛에 있어 큰 강점이 있고 커피 브랜드중 가장 높은 고객 충성도를 자랑한다. 그러나 커피빈은 인테리어 전략, 그 중에서도 의자 테이블은 10년 전 전략이 지금도 먹힐 것이라고 생각하는 것 같다.

10년전 만해도 스타벅스와 커피빈이라고 하면 미국 유명 브랜드라는 이름만으로도 인정해주던 때가 있었다. 그리고 의자가 딱딱하든 푹신하든 개의치 않고 미국 유명브랜드라는 것만으로 비싼 커피값에도 고객들은 불평하지 않았다.

또 그때는 아메리카노나 카페라떼는 매장에서 주는 대로 먹었던 시절이다. 그러나 요즘은 달라졌다. 아메리카노는 샷을 하나 빼달라는 둥, 더 뜨겁게(extra hot) 해달라는 둥, 휘핑크림을 빼달라, 더 달라는 등 개인취향에 따라 세분화되어 더욱 커피를 즐기게 되었고 커피가 일상이 되었다. 또 수많은 커피브랜드로 도시를 덮고 있다고 해도 과언이 아닌 커피공화국 소리를 듣고 있다.

그러다 보니 고객들은 5,000원씩 내면서, 그 딱딱하고 팔걸이도 없는 나무의자가 대부분인 커피빈 매장에 대한 불편함이 생겨나게 된다.

물론 그런 심플하고 딱딱한 나무의자와 테이블은 자리 차지를 얼마 안하므로 동일 공간에서 더 많은 테이블의 자리배치를 할 수 있겠지만, 그런 팔걸이가 없는 딱딱한 나무의자는 오래 앉아 있기 어려워 고객이 금세 일어나야 한다. 이는 전략의 오류이다.

스타벅스를 보면 이야기는 다르다. 스타벅스는 10년 전에는 폭신한 의자와 안락한 의자가 매장 내에 별로 없기는 커피빈과 마찬가지였지만, 스타벅스는 고객의 니즈를 잘 읽고 있는 듯하다. 최근 매장들은 푹신하고 안락한 의자비율이 매장에 따라 다르지만 30~40% 이상이다. 강남에는 50% 수준인 매장도 있다.

스타벅스에 가면 오래 앉아 있어야 할 때는 꼭 소파 스타일의 편한 의자를 이용하게 된다. 고객 선택의 폭이 더 넓은 것이다.

같은 고객이라도 상황에 따라 회사 점심시간에 잠시 10분 정도 앉았다 가지만, 중요한 이야기를 나눌 때는 1~2시간이 되기도 한다.

커피빈의 팔걸이 없는 좁고 딱딱한 원목 위주의 의자가 오래 앉아 있기가 어려워 빨리 먹고 일어나니까 고객이 몰리는 점심때에는 당장 회전율을 높이는 데 기여할지 몰라도, 점차 고객만족도는 떨어지므로 고객이 더 몰려오는 데는 분명한 장애요소가 된다.

어쩌면 팔걸이 없는 원목의자가 커피빈의 인테리어 상징물이라고 착각할 수도 있다. 설사 그렇다고 해도 고객의 만족도를 낮추는 상징물은 마케팅에서는 마이너스일 뿐 의미가 없다. 어떤 마케팅전략도 고객만족이라는 가치 아래 있기 때문이다.

반면 스타벅스의 의자구성은 매우 다양하다. 10분 체류고객, 30분 체류고객, 1~2시간 체류고객을 모두 만족시키는 의자구성을 가지고 있다. 이러한 고객만족 중심의 마케팅 마인드와 전략이 비슷한 시기에 시작했지만, 커피빈과 약 4배의 격차를 벌여 놓은 것이라 보여진다.

최근 인천공항의 출국장, 입국장에 각각 1~2개씩 있던 커피빈과 스타벅스는 커피빈은 모두 철수하고 스타벅스만 2개 매장으로 운영되고 있는 것은 의미가 있다고 본다. 인천공항 입출국장은 외국인도 있지만 70% 내외의 국내 고객 위주로 운영되고 있기 때문이다.

외식매장은 상기의 경우와 같이 꼭 식당이 아니라도 고객의 이용시간대가 확장됨으로써 회전율이 높아져야지, 정해진 시간 안에 오래 머물지 못해서 금방금방 고객이 교체되는 방식의 회전율은 장기적으로 사업부실을 초래한다.

스타벅스 VS 커피빈 연도별 매장수 비교

(단위 : 억원, 개점)

구분	2008		2009		2010		2011		2012		2013		2014		2015		2016
	매출	매장수	매출	매장수	매출	매장수	매출	매장수	매출	매장수	매출	매장수	매출	매장수	매출	매장수	매장수
스타벅스	1,710	270	2,040	297	2,416	327	2,982	394	3,910	477	4,822	598	6,170	740	7,739	850	977
커피빈	918	150	1,112	188	1,267	195	1,338	217	1,379	221	1,432	224	1,463	225	1,389	234	–

자료 : 유재은 프랜차이즈 전략연구소, 금융감독원
'–' 표시는 홈페이지에서 확인 안 됨

회전율의 법칙은 정해진 메인시간대에 오래 앉아 있지 못하게 해서 고객이 여러 번 회전되는 어리석은 전략을 써서는 안 되고, 고객 만족도를 높여 고객이 더 많이 몰려옴으로써 메인시간대 자체가 확장되는 전략을 구사해야 한다.

실제로 우수 외식매장들은 12시 점심시간 1시간만 영업하는 것이 아니라 11시부터 고객이 찾기 시작해 2~3시까지도 이어진다. 저녁 역시 7~8시 1시간 동안만 영업하는 것이 아니라 오후 5

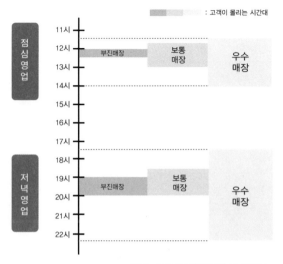

: 고객이 몰리는 시간대

점심영업
- 11시
- 12시 ─ 부진매장 ─ 보통매장 ─ 우수매장
- 13시
- 14시

- 15시
- 16시
- 17시

저녁영업
- 18시
- 19시 ─ 부진매장 ─ 보통매장 ─ 우수매장
- 20시
- 21시
- 22시

자료 : 유재은 프랜차이즈 전략연구소

시 반부터 몰려와 밤 9~10시가 넘어서도 이어진다.

그러므로 회전율의 법칙은 고객만족도를 높여서 운영시간대가 넓어지는 방식의 전략을 취해서 회전율을 높여야 한다. 고객의 체류시간을 줄이는 방식으로 회전율을 높이는 전략은 결국 고객만족도를 떨어뜨리게 되어 매출 부실이나 사업실패로 이어지는 것이다.

프랜차이즈 법칙 21. 회전율의 법칙

회전율을 높이려고 고객의 매장 체류시간을 짧게 만들려는 전략은 잘못된 전략이다. 고객의 매장 체류시간이 늘어나더라도 고객만족도를 높이면 고객의 재방문이 많아지고 고객수가 늘어나므로 자연스럽게 회전율이 높아지는 법칙을 말한다.

저항선의
법칙

제3부
프랜차이즈 마케팅

Chapter 22

The Franchise Law
in the Korean Market

22

저항선의 법칙

"객단가를 높이려고 노력하지 말라.
고객에게는 브랜드마다 이미 마음 속에 포지셔닝(positioning)된
가격 저항선이 있어 그 선을 넘으면 고객은 또 오지 않는다."

프랜차이즈 매장을 운영하다 보면 사장이든 직원이든 구성원
은 누구나 매출을 더 올리는 일이 지상과제가 된다. 매출은 '객단
가×고객수'이다. 그래서 주력하게 되는 일이 객단가 높이기와
고객수 늘리기라는 아주 단순한 과제를 가지고 자영업자이건 대
기업 직원이건 고민과 전략 찾기의 나날로 각자의 일터를 채워갈
때가 많다.

사실 과제는 매우 단순한데 이 과제 해결을 위한 전략이나 방
안은 이것처럼 간단치가 않고 머리 복잡해지는 일이 또 없다.

매장들이 객단가를 높이고 고객수가 늘기만 하면 매출증대로
이어져 모든 프랜차이즈 매장의 사업이 술술 풀려 나가는지에 대

해서 알아보고자 한다.

우리에게는 브랜드별로 매장별로 차이는 있지만 꾸준히 찾아와 주는 단골고객, 고정고객들이 있다. 이 분들은 큰 변동요소만 없으면, 각자 고객의 이용주기대로 매주, 혹은 격주 또는 매달 이런 패턴으로 매장을 찾아주는 고마운 단골고객들이다. 늘 와주는 단골고객이 있기에 매장은 유지되는 것이다. 그리고 지나가다 들르는 뜨내기 고객, 즉 유동고객들이 매출을 더해준다.

이런 고정고객(단골)과 유동고객(뜨내기)의 비율은 업종에 따라 판이하게 다르다.

판매업은 보통은 유동고객 비중이 높으며, 외식업은 누가 뭐래도 고정고객의 비율이 훨씬 높을 뿐 아니라 매출의 절대비중을 차지한다. 그래서 특히 외식업 종사자들은 늘 찾아오는 고객들에게 – 유동고객도 마찬가지지만 – 좀 더 비싼 메뉴를 팔아서 객단가를 높이면, 고객수가 동일하더라도 매출이 증가되는 쉬운 전략을 쓰려고 한다.

과연 이 객단가를 높이는 전략은 프랜차이즈 시장에서 먹히는 것일까?

그런데 객단가를 조사해 보면 한 가지 특이한 점이 발견된다.
중저가 이자까야가 넘쳐나는 시장에서 고급화전략으로 가장 트렌디하고 치열한 주점시장에서, 전국을 10년 이상 선두브랜드로 석권한 와라와라 브랜드의 매장사례를 보면 브랜드 전체 평균 객단가는 14,000~15,000원 수준을 유지해 오고 있다.

직장인이 많고 소비력이 높은 상권은 14,000원대를 유지하고 소비력이 좀 더 낮은 편인 외곽상권으로 나가면 객단가는 13,000원대가 많다.

그런데 상권별로는 몇 천 원씩 차이가 나기는 하지만 동일매장을 놓고 조사해 보면, 연말이나 특수기에 좀 더 높아지거나 좀 더 낮아지는 경우는 있어도, 그런 경우도 1,000원 미만이 대부분이고, 1년 내내 평균을 내보면 객단가의 큰 변동은 거의 없음이 데이터를 통해 나타난다.

국내 직영 외식 브랜드 중 최고의 브랜드임을 인정할 수밖에 없는 갈비코스요리 컨셉의 한정식 '경복궁'의 경우도 유사하다.

같은 경복궁이라도 상권에 따라 객단가가 50,000원이 넘는 매장도 있고, 지방이나 소비력이 낮은 상권은 객단가가 40,000원대인 매장도 있지만, 매장별로 1년을 놓고 보면 객단가의 변동은 거의 없다.

판매업 프랜차이즈도 유사한 사례가 있다. 에뛰드하우스는 매장을 600개까지 전개하면서 전국을 석권했던, 10대들의 공주컨셉으로 론칭한 우수 브랜드이다. 최근에는 매장이 200개 정도 폐점되어 400여 개 수준으로 줄었지만, 한때는 최고의 브랜드 중 하나였다.

비슷한 시기에 론칭한 이니스프리는 자연주의를 내세운 브랜드로서 이미 1,100개를 넘어섰다.

같은 아모레퍼시픽그룹의 우수 브랜드인데 왜 이런 현상이 벌어지는 걸까? 상권적인 요소도 있지만, 첫째는 객단가이다.

에뛰드하우스는 공주컨셉으로 시작해서 타깃이 10대가 주류이고 20대 초반정도, 중반도 넘어서기 어렵다. 20대 중반으로 넘어서면 10대 공주이미지가 강해서 '애들스러움'에 잘 접근하지 않기 때문이다. 그래서 결국 주 소비층은 10대 위주가 된다. 소비력이 약한 10대인데 비싼 화장품이 매장에서 팔릴 수 있겠는가?

설화수라는 연간 1조 매출이 넘는 명품 브랜드를 만드는 아모레퍼시픽그룹에서 R&D 능력이 부족해서 에뛰드하우스의 제품개발을 못하는 것은 아닌 것이다. 더 비싼 상품을 개발해서 공급해도 고객의 가격 저항선에 부딪혀 매출에 별다른 기여를 하지 못하게 된다. 에뛰드하우스의 객단가가 훨씬 더 높은 수준인 이니스프리 정도가 된다면 에뛰드하우스가 입점할 수 있는 상권수는 더욱 많아져서 600개에서 400개 수준으로 줄지 않고 1,000개 수준으로 확장되었을 것이다. 객단가×고객수가 매장 매출이고, 매장 매출규모가 기본적으로 매장의 손익구조와 수익성 여부를 결정짓기 때문이다.

매출구조와 수익구조가 유연하고 좋은 이니스프리 매장이 전국에 1,100개가 넘는 이유이기도 하다.

세계적 브랜드로 나아가는 아모레퍼시픽그룹의 R&D능력도 고객의 가격 저항선 앞에서는 큰 힘을 발휘하지 못하는 사례이다.

이것은 무엇을 말해주는 것일까? 고객은 누구나 늘 머릿속에 전자계산기를 가지고 다니면서 그 브랜드에 고객이 느끼기에 걸맞는 수준의 소비를 하고 있다는 것이다. 그날그날 분위기나 상황에 따라 예전 방문보다 더 소비하기도 하고 덜 소비하기도 하지만, 수많은 고객의 1년 평균을 내보면, 거의 정확하게 그 매장의 객단가는 변동이 없다는 사실이다.

고객이 생각하는 최대 소비가치가 브랜드마다 매장마다 정해져 있다는 것이다. 1인당 15,000원 정도를 쓰면 최적이라고 생각하는 고객이 동일한 매장에서 결코 1인당 20,000원을 쓰지는 않는, 고객의 소비패턴을 읽을 수 있어야 한다.

이미 고객에게 포지셔닝된 객단가는 크게 움직이지 않는다. 14,000원을 15,000원 정도 향상시킬 수 있을 뿐. 객단가 15,000원의 매장이 객단가 20,000원이 될 수 없고, 객단가 20,000원대 매장이 더 비싼 메뉴를 팔거나 메뉴가격을 올려서 객단가 30,000원대 매장이 될 수 없다는 사실에서 프랜차이즈의 가격전략은 시작되어야 한다.

객단가 15,000원이 20,000원이 되려면 더 높은 수준의 매장 인테리어, 매장 분위기, 메뉴 가격, 메뉴 구성, 고객 서비스 방식, 매장 이미지 등을 모두 바꿔야 가능한 것이다.

이것을 우리는 브랜드 리뉴얼 전략이라고 한다. 완전 리뉴얼 전략은 어찌보면 새로운 브랜드 전략인 셈이다.

그러므로 완전 리뉴얼 전략 수준이 아니라면, 객단가를 섣불리 올리려는 전략은 고객들이 무의식중에 가지고 있는 영리한 소비자로서의 감각인 가격 저항선에 부딪히게 되어 있다.

가격을 섣불리 올리면 고객이 느끼는 가성비는 낮아지게 되고, 결국 매장 만족도는 떨어지게 된다.

이런 사례도 있다. '우리는 가격을 10~20% 올렸는데도 먹히던데요' 하는 경우이다. 그것은 브랜드나 매장의 고객이 느끼는 최대 소비가치인 가격 저항선보다 훨씬 아래에 있었던 브랜드인 경우다. 예를 들면 프리미엄 런치의 경우 가격 저항선은 10,000

원인 경우가 많다. 7,500원, 8,500원 메뉴가 반응이 좋으면 좀 더 퀄리티가 높은 9,500원 메뉴를 내 놓아도 잘 팔린다.

왜냐하면 그 프리미엄 런치 매장의 가격 저항선이 10,000원이기에 그 안에서 가성비가 좋은 더 비싼 메뉴를 제공하는 것은 가능하기 때문이다.

우리가 운영하는 브랜드에 대한 고객의 가격 저항선을 잘 분석하고 정확한 가격전략을 구사해야 한다.

그러므로 무조건 객단가를 높이는 전략은 자충수가 될 때가 많다. 오히려 프랜차이즈 사업의 매출증대방안의 정석은 객단가 높이기가 아니라 고객수를 늘리는 것이다. 고객이 더 좋아하고 만족할 수 있는 요소들을 좀 더 개발하고 보강하면 고객은 더 찾아오게 되어 있다. 고객수가 늘어나면, 동일한 객단가라도 매장 매출은 당연히 늘어난다. 매출증대를 위해 전략을 세울 때 객단가를 올리는 전략은 우리 브랜드와 우리 매장의 가격 저항선이 얼마인지를 정확히 분석한 후 실행해야 한다. 그 가격 저항선 내에서 적절한 가격전략이 구사될 때, 전략적 자충수를 두지 않을 수 있고, 사업적 효과를 얻을 수 있다.

프랜차이즈 법칙 22. 저항선의 법칙

객단가를 높이려고 노력하지 말라. 고객에게는 브랜드마다 이미 마음 속에 포지셔닝된 가격 저항선이 있어 그 선을 넘으면 고객은 또 오지 않는다. 그러므로 더 비싼 메뉴(상품)를 만드는 데 집중하지 말고, 우리가 운영하는 브랜드에 대한 고객의 가격 저항선을 정확히 분석하고 그 안에서 가격전략을 구사해야 성공하는 법칙을 말한다.

차별화
포기의
법칙

The Franchise Law
in the Korean Market

23
차별화 포기의 법칙

"지금도 프랜차이즈에서는 차별화의 강박에 밀려
억지 차별화가 생겨나고 있다.
억지 차별화에 매달리지 않고
오히려 고객만족과 평범해 보이는 기본(Basic)에 충실한
차별화 포기 전략이 성공으로 가는 지름길이 된다."

　요즈음 점점 치열한 마케팅의 시대로 접어들었다. 이러한 치열한 마케팅 시대에 첫 번째 화두는 단연 차별화이다. 너무도 많은 제품과 메뉴와 상품이 넘쳐나는 시대에 살고 있으니, 차별화는 시장생존을 위해서는 어쩔 수 없는 선택이 되었다.

　대부분의 상품과 제품이 서로 벤치마킹하고 서로 모방하고, 베끼고 있기에 고객의 눈에는 그게 그걸로 비춰지고, 오리지널과 짝퉁이 구별되지 않을 때가 많은 시대에 살고 있다.

　그러므로 시장에 묻히지 않기 위해선 돋보여야 하고 다른 브랜드와 차별되어야 한다는 마케팅의 절대 명제를 무시할 수가 없는 것이다.

그런데 프랜차이즈 사업에서의 차별화는 과연 어디까지 바람직한지 잘못된 차별화의 오류를 살펴보고자 한다.

파리바게뜨로 잘 알려진 SPC그룹은 배스킨라빈스, 던킨도너츠, 파스쿠치, 파리크라상 등 15개 브랜드, 3조 5,000억 원의 매출액(2015년 기준)으로 국내 프랜차이즈 업계의 최강자이다. 스타벅스와 커피빈 브랜드가 확장되어 가던 2002년에 파스쿠치라는 커피전문점이 론칭됐다. 이태리 커피브랜드로서 새로운 분위기를 연출하고 새로운 브랜드로서 차별화하기를 시도한 것 같았다. 인테리어도 앞선 브랜드보다 좀더 고급화했고, 서브메뉴도 더 보강해서 론칭했다.

여기까지는 좋았는데 파스쿠치는 커피 종류를 원사이즈 하나로 차별화했다.

스타벅스는 커피사이즈가 숏, 톨, 그란데, 벤티 4종류로 고객의 취향과 상태에 따라 다양한 선택을 제공하고 있었다. 그래서 보통때는 양이 많은 벤티나 그란데를 먹는 커피 마니아층도 식후나 배가 부른 상태에서는 작은 사이즈의 숏이나 톨을 선택을 할 수 있게 하는 고객 선택에 대한 배려가 있었다. 커피빈도 그 정도까지는 아니지만 레귤러와 스몰로 고객취향의 기본은 맞춰져 있었다.

파스쿠치는 고객들이 작은 사이즈가 왜 없냐는 질문에 매니저는 이태리브랜드라서 원사이즈 하나라는 답변을 내 놓았다. 그때 필자가 로마나, 밀라노 시장조사 경험이 미처 없었다면 이태리라는 말에 한 수 접고 조용히 수용했을 것 같았다.

에스프레소커피의 시작은 미국이 아닌 이탈리아이기에 스타벅스의 슐츠 회장도 이태리커피를 맛보고 시애틀에서 스타벅스를 시작했다니 이태리가 더 오리지널의 이미지가 강해서 그것을 강조하고 싶었던 것 같다.

하지만 그것은 '강조'가 아니라 '강요'인 것이다. 고객의 취향을 무시한 매장운영은 마케팅차별화가 아닌 것이다. 차별화의 주체는 고객이어야 한다.

고객의 취향과 선택과 만족을 위한 차별화이지 다른 브랜드와 달라지기만 하면 차별화가 아닌 것이다. 그렇다면 파스쿠치의 원사이즈 전략은 지금은 어찌 되었을까? 결국 수년전에 스몰과 레귤러 두 종류로 나뉘어 판매하는 방식으로 바뀌고 말았다. 결국 차별화 같지 않은 억지 차별화 전략이었음을 스스로 자인한 셈이다.

1990년대에는 패밀리레스토랑을 이끄는 선두 브랜드는 TGI였다. 강남의 몇 군데 생기기 시작한 TGI에서 모임이나 미팅이 있는 날이면, 왠지 중진국을 막 벗어나서 선진국 흉내를 내보고 싶었던 당시 국민적 열망을 반영하듯이, 미국이나 유럽의 라이프스타일을 즐기는 듯한, 그래서 나도 선진국 시민의 대열에 들어온 듯한 어설픈 착각을 세련된 라이프스타일이라 여기던 때인지라, 지금은 한물간 분위기로 여기는 TGI같은 패밀리 레스토랑을 이용하면 괜히 기분이 좋아지던 시절도 있었다.

그런데 그런 TGI만의 웃지 못할 차별화 전략이 있다. 그것은 지금도 옛날 방식 그대로 포크와 나이프를 종이냅킨에 둘둘 말아서 끝이 풀리지 말라고 스카치테이프로 붙인 상태로 고객에게 내주는 서비스이다.

아웃백이 하얀색 천의 냅킨에 둘둘 말아서 내오고 있으니 경쟁 브랜드와의 차별화하기 위해서 지금까지도 그런 서비스로 차별화 하고 있었다.

더욱이 붙어 있던 스카치테이프를 떼어내면 종이가 찢어져 너덜너덜한 냅킨으로 3~4만 원 들여 스테이크를 먹는 고객을 만족시켜 줄 수 있다고 생각하는 것일까.

1인당 객단가 25,000원~30,000원이 넘어갈 수 있는 중고가 외식매장에서 종이 냅킨 서비스는 시대착오적이다. 객단가가 더 낮은 15,000원 수준의 이태리 레스토랑들도 고객서비스를 위해 종이 냅킨을 사용하지 않는 매장이 많은 요즘의 트렌드를 무시한 채, 아웃백과의 억지 차별화로 밖에는 보이지 않는 서비스방식을 채택하고 있는 것이다.

아웃백은 식전빵으로 '부쉬맨빵'을 제공해 왔다. 이 빵은 고객들로부터 각광 받아온 서비스 중 하나였다. 그래서 TGI는 오래전부터 메인메뉴가 나오기 전에 시장기를 달래는 식전빵을 내놓자는 고객의견이 많았지만 TGI는 그렇게 하지 않았다.

왜냐하면 아웃백이 식전빵을 내놓고 있으니 우리는 식전빵이 없는 게 차별화라는 논리인 것이다. 이게 무슨 차별화인가. 고객만족이 차별화이지 남과 무조건 다른게 차별화라는 심각한 오류를 범해 왔다. 그렇지만 결국 몇 년 전부터 TGI는 식전빵을 제공하기 시작했다. 10여 년을 흘려보내고 나서 채택된 3~4년 전 서비스였다.

결국 한때는 선두로 40~50개 매장으로 탑 브랜드였던 TGI가,

후발 주자이지만 100여 개 매장으로 전국을 석권한 아웃백에 추월 당해 2위로 밀렸다가, 다시 70~80개 매장으로 확장한 빕스에 밀려 3위로 밀려나고 말았다. 탑 브랜드가 3위권 밖으로 밀려난 일이 우연히 일어나는 일일 수는 없다.

추락하는 것에는 다 이유가 있게 마련인데, 작아 보이지만 크게 다루어질 수 있는 냅킨 서비스를 방치하는 시스템이 그 이유 중 하나가 될 것이다.

스타벅스 매장은 세계적인 브랜드로 한국에서도 인기가 높고 커피를 즐기는 젊은 층이라면 국민 대다수가 한두 번 이상은 방문해본 브랜드일 것이다. 스타벅스의 슐츠 회장은 스타벅스가 단순히 커피만을 파는 곳이 아니며, 독특한 스타벅스만의 문화를 파는 문화적 장소로서 브랜드를 가져가고 싶어 한다고 한다.

요즘 20~40대 젊은 층은 하루에도 커피 매장을 두서너 번 갈 때가 많다. 사실 옛날에 그 많던 다방들이 커피전문점으로 대체된 셈이다.

예전에도 회사원이나 사업가나 자영업자들은 다방을 수시로 드나들었던 것을 생각하면 지금의 커피전문점은 상당부분 예전의 다방을 대체하고 있다고 볼 수 있다.

그래서 요즘은 연인, 친구, 거래처 등과 함께 커피를 주문하면 진동벨을 주어 자기자리에 가서 함께 온 동료나 친구, 미팅 파트너와 계속 대화의 흐름을 끊지 않고 이어갈 수 있도록 한다.

커피빈도, 파스쿠치도, 폴바셋도, 엔제리너스도 모두가 그렇다. 그런데 유독 스타벅스는 진동벨을 주지 않는다.

그 이유를 스타벅스만의 문화라고 매니저들은 답한다. 그것은 미국에서나 통용되는 문화인 것이다. 미국사람들은 처음보는 사람과 인사하고 대화하는 것을 재미있어 하고 즐기는 것 같다. 한국은 정식 인사 나누기 전에 말을 잘못 걸었다가는 동성끼리는 무슨 일로 접근하나, 외판원인가, 접근의도가 무엇일까 등의 순간적 작은 갈등이 생겨나는 문화를 가지고 있다. 이성 간에는 작업 건다는 생각이 스치는 경우가 안 그런 경우보다 더 많은 것은 사실이다.

그런데 줄 서 있는 동안 무슨 문화가 생기는 걸까. 더욱이 둘이 오면 한 명은 자리 맡느라 좌석에 있어 대화할 일행과는 격리되어 있는데 말이다. 테이크 아웃 때는 어차피 자리에 앉지 않을테니 그나마 스타벅스의 억지 문화창출의 위안이 돼줄 수 있겠지만 말이다.

나라마다 문화가 다른데 미국문화가 강요된 차별화는 의미가 없다. 한국에선 한국문화를 따라야 더욱 성공할 수 있다. 맥도날드가 한국이란 나라에 와서는 오토바이 중심으로 배달하면서 팔게 될 줄 맥도날드의 창업자인 레이크록은 예상 못했을 것이다.

결국은 스타벅스도 치열한 커피전쟁이 시작되었고 토종 커피 브랜드들도 강세여서 머지않아 매출정체의 그래프를 만나게 될 것이다. 그때 즈음에는 스타벅스도 한국 고객배려 차원의 진동벨을 나누어 주게 될 것이다. 어떤 브랜드가 잘 나간다고 해서 그 브랜드의 사업전략이 100% 다 맞는 것은 아니다. 잘나가는 분위기 덕분에 잘못된 전략들이 잠시 덮여져 있을 뿐이다.

최근에 국내 스타벅스에서는 '사이렌오더'라는 서비스를 시작했는데 스마트폰 어플로 주문하고 음료준비완료 알람까지 받을 수 있도록 만들어서 좋은 반응을 얻고 있고 계속 확대되고 있는 중이다. 이는 일정부분 진동벨 서비스를 대체하여 가고 있다고 볼 수 있다.

차별화는 꼭 필요한 것이지만 그것을 적용하는 기준이 무조건 '남과 다르게'가 아니다. 경쟁브랜드와 다르면 그것이 차별화가 아니라는 것이다.

차별화의 기준은 고객만족이다. 그 차별화를 통해 고객이 더 좋아하고 더 만족해 하느냐가 관건이다.

프랜차이즈 사업은 모두가 다 매장운영을 통하여 이루어져 있다. 옛날식 표현으로 장사다. 가게를 운영하는 것이다. 체계적인 장사시스템 그게 프랜차이즈 사업이다.

오히려 억지 차별화를 통해 애쓰느라 고생할 필요 없다. 마케팅팀들은 차별화를 위한 차별화에 힘쓰지 말고, 억지차별화를 포기하고 평범해 보이는 기본(Basic)에 충실하는 것이 더 매출을 높이고 브랜드 경쟁력을 높이는 마케팅이 된다.

평범한 기본이란 무엇일까?

첫째, 외식은 누가 뭐라 해도 맛이다. 맛이 있어야 고객이 몰려온다.

그러므로 맛있는 소스 개발과 맛있는 메뉴개발은 필수이다. 외식의 모든 업종을 망라하고 모든 아이템에 해당되는 일이다. 메뉴개발, 외식 R&D에 모든 시간과 비용을 집중해야 한다. 일반 판매업 프랜차이즈도 마찬가지이다. 한 매장의 상품 퀄리티, 상품 가성비가 모든 것에 우선한다.

둘째, 서비스이다. 이미 개발된 메뉴 맛이 상수라면, 서비스는 변수이다. 상수가 아무리 좋아도 변수의 평가점수가 낮아 다 깎아 먹으면 낮은 평가를 받는 매장이 될 수밖에 없다.

친절한 서비스는 같은 맛의 메뉴라도 고객의 만족도를 높이는 훌륭한 변수이다. 평범한 기본(Basic)에 충실해야 성공한 브랜드가 되고 계속 기본(Basic)을 놓치지 말아야 장수브랜드가 된다.

억지차별화로 고민할 시간에 평범한 기본(Basic)에 시간과 열정을 쏟는 브랜드가 우수 프랜차이즈가 된다.

차별화를 위한 차별화는 포기해야 한다. 고객이 빠져버린 마케터들끼리 우리 회사 직원끼리의 차별화는 이젠 그만 멈추어야 한다. 그래서 껍데기뿐인 보여주기 식의 차별화전략을 짤 시간에 알맹이를 더욱 충실하게 보강해서 기본(Basic)을 강화하는 **차별화 포기의 법칙**이 필요하다.

프랜차이즈 법칙 23. 차별화 포기의 법칙

프랜차이즈에서는 차별화의 강박에 밀려 억지 차별화가 생겨나고 있다. 억지 차별화에 매달리지 않고, 고객만족과 평범해 보이는 기본(Basic)에 충실한 차별화 포기 전략이 오히려 성공으로 가는 지름길이 되는 법칙을 말한다.

정체성의
법칙

The Franchise Law
in the Korean Market

24
정체성의 법칙

"프랜차이즈 매장은 자신의 정체를 빨리 밝혀야 한다.
무슨 아이템인지, 어느 정도 가격대인지를
고객이 매장 앞에서 판단할 수 있도록 해야 한다."

국내에서도 웰빙트렌드와 함께 친환경 유기농 제품 시장이 확대되고 있다. 현재 시장에서 선두 브랜드는 대상그룹에서 운영하고 있는 초록마을이며, 그 외에도 한살림, 자연드림, 바이올가 등의 브랜드가 경쟁하고 있다.

이 4개 브랜드의 매장을 잘 살펴보면 다른 점 하나가 눈에 띈다. 바로 풀무원에서 운영하고 있는 바이올가 매장이다.

풀무원에서 직영과 백화점 샵인샵으로만 운영하다 가맹사업 확장을 위해 2012년에 론칭한 브랜드가 바이올가이다. 풀무원이라는 대기업에서 운영해 오면서 시장에서 후발주자였기 때문에 분명 차별화된 전략이 필요했을 것이다.

유기농 친환경 전문점 매장 간판 현황

그래서 친환경 유기농제품 전문점이라는 프리미엄 이미지를 강조한 매장 SI를 개발하려 한 것 같은데, 디자인만 놓고 보면 매우 심플하고 세련되어 보인다.

하지만 이것은 프랜차이즈의 '정체성의 법칙'에 위배되는 전략이다.

바이올가는 후발주자로서 깔끔하고 고급스러운 디자인을 추구했지만, 가독성이 낮고 무엇을 파는 매장인지 고객들이 판단할 수 없게 만든 탓에 매장 접근이 쉽지 않아서 인지, 언론에 나오듯이 계속해서 적자구조를 개선하지 못하고 있는 것으로 보인다.

초록마을, 한살림, 자연드림 등 경쟁 브랜드들은 고객이 무엇

국내 친환경 유기농 브랜드 현황

(단위 : 개점)

브랜드명	회사명	가맹사업 개시일	매장수			
			2014	2015	2016	현재 (2018.05.)
초록마을	㈜초록마을 (대상그룹)	2002.11.16.	369	429	462	490
더온리 자연드림	㈜농업법인 콘스토어	2006.09.08.	158	178	193	223
한살림	한살림소비자 생활협동조합	2002*	186	196	210	217
내추럴하우스 바이올가	㈜올가홀후드 (풀무원)	2012.10.19.	26	36	55	58

자료 : 공정거래위원회
* 한살림:사업시작일 기준

을 파는 매장인지 알기 쉽게 간판에 '친환경 유기농 전문점'이라고 표기해 두었지만, 바이올가는 영문으로 'by ORGA'라고만 표기해서 '오르가'인지 '올가'인지도 쉽게 읽지도 못하게 만들었고, 또 무엇을 파는 매장인지 표시되어 있지도 않다.

세부적인 전략을 모두 확인해보지 않아도, 매장의 Sign전략 하나만을 통해서도 그 브랜드의 조직력, 마케팅력 등의 경쟁력을 일정부분 가늠해볼 수 있다. 왜냐하면 이런 것들은 프랜차이즈 마케팅의 ABC이기 때문이다.

이런 일은 우연히 일어나는 것이 아니라 현재 프랜차이즈 조직이 가지는 경쟁력과 사업의 핵심역량의 부족에서 비롯되는 경우가 많다고 볼 수 있다.

고객이 프랜차이즈를 이용하는 핵심 이유는 예측성 때문이다.

놀부부대찌개를 강남역 상권에서 이용하던 단골 고객은 홍대 상권에 오픈한 놀부부대찌개를 보고서 별 망설임 없이 곧바로 그 매장을 이용한다. 왜냐하면 메뉴와 가격, 맛, 서비스를 고객이 예측할 수 있기 때문이다. 놀부부대찌개 강남역점 단골고객이 홍대 상권에 와도 주저없이 이용하는 것이다.

이것을 프랜차이즈의 상호교차고객[+]이라 한다. 그래서 프랜차이즈 브랜드는 새로운 상권에 오픈해도 고객이 쉽게 모이기 때문에 손익을 넘기고 매장이 자리잡는 시간이 짧아진다. 모두가 프랜차이즈 교차고객[++] 덕분인 셈이다.

고객이 예측이 잘 안 되는 매장을 성큼성큼 쉽게 들어가는 경우는 매우 드물다. 2층 매장이나 지하 매장이 1층 매장보다 월세나 권리금이 매우 저렴한 이유도 같은 이유이기 때문이다. 1층 매장은 눈에 잘 띄는 것이 첫째이기도 하지만, 눈에 잘 띌 뿐 아니라 매장의 정체(가격, 상품종류, 분위기 등) 파악이 한 눈에 들어오기 때문이다.

반면, 지하나 2층은 간판만으로도 반밖에 파악이 안 되서 매장을 올라가든 내려가서 파악해야 하는 번거로움에 굳이 확실하지 않은 매장을 확인하려 지하나 2층을 가는 고객이 몇이나 있겠는가.

마찬가지로 매장을 가장 심플하고 정확한 방법으로 브랜드명, 상품종류, 가격대, 브랜드의 특성 등을 간판은 물론이고 파사드 그리고 익스테리어를 통해 보여줘야 한다.

그런데 실제로 잘 실행하는 신규 브랜드도 있지만, 반대로 그렇지 못한 신규 브랜드가 많은 것은 왜일까. 그것은 다음의 세 가지 케이스로 압축될 때가 많다.

첫째 케이스는 이런 브랜드의 사업 책임자를 만나보면 보통 깔

[+] 유재은 프랜차이즈 전략연구소.
[++] 유재은 프랜차이즈 전략연구소.

끔함과 세련됨을 추구하는 전략이라고 할 때가 많다. 그게 더 소위 '있어 보인다'는 것이다.

둘째 케이스는 장수하는 우수 프랜차이즈 브랜드를 보고 브랜드 네이밍만 간판에 나와 있는 전략을 벤치마킹 했다는 것이다.

세번째 케이스는 고객으로 하여금 무슨 매장인지 궁금증을 자아내게 해서 고객의 호기심을 유발하여 매장 방문을 유도하겠다는 전략이다.

그러나 프랜차이즈에서는 이 세 가지 모두 프랜차이즈의 본질을 놓치고 전략적 실수를 범하는 것이다.

첫째 케이스는 인테리어 업자에 의해서 추천될 때가 많다. 그분들은 매장을 오픈시키고 나서 매장 인테리어가 예쁘고 깔끔해서 감사하다는 말을 듣는 것이 어찌 보면 궁극 목표이자 비즈니스 목표일 수도 있다.

브랜드에 도움 되는 진짜 단골고객이 찾아오는지, 론칭 후 매장운영이 성공적인지, 고객 수는 잘 채워지는지, 매출은 제대로 잘나오는지는 등의 사업전략이나 마케팅 전략은 엄밀히 따지면 그분들은 잘 모르고 사실 관심 밖이다. 그리고 장사가 안 되도 굳이 그 분들을 탓하지는 않는다.

그냥 인테리어가 깔끔하게 잘나왔다는 말을 들어야 그 다음 공사를 수주할 수 있고 다른 분의 소개도 받을 수 있기에 여기에 포커스를 맞추다 보니 군더더기 없는 심플한 것을 더욱 추구하게 되고, 결국 이 매장이 무엇을 파는 매장인지도 모르는 수준으로 전락해도 그것이 사업적으로 무엇을 의미하는지조차 잘 모르는

경우가 프랜차이즈 현장에는 많다.

하기야 프랜차이즈 마케팅을 잘 꿰뚫고 있다면 그 분들은 인테리어가 아니라 마케팅을 본업으로 바꿔야 할 것이다.

그러나 신규 브랜드의 운영진 대부분이 경험이 적어서 경험 많은 척 과장해서 설명하는 인테리어 업자들의 말에 귀가 솔깃해지는 실제 사례는 시장에 널려 있다고 해도 과언이 아닐 것이다.

두 번째 케이스는 우수 브랜드를 벤치마킹하는 경우이다.

맥도날드는 전세계적으로 3만 5천개의 매장을 운영하는 전세계 브랜드 가치 37위인 반세기가 지난 우수 브랜드이다.

맥도날드는 맥도날드만 써 있어도 무슨 매장인지 메뉴는 무엇이 있는지 가격은 어느 정도인지 누구나 알 수 있는 브랜드이다. 세계적 유명브랜드이므로 맥도날드 네 글자로도 충분한 것이다.

파리바게뜨도 마찬가지이다. 파리바게뜨는 1986년도에 론칭해서 30년된 전국 3,500개의 매장을 운영하는 우수 장수브랜드이다. 불어로 'PARIS BAGUETTE'라고 쓰여 있어도 대다수가 알

PARIS BAGUETTE

PB

자료 : 파리바게뜨 홈페이지

수 있다. 몇 년 전부터는 'PB'로 더욱 단순화 시킨 로고타입을 가져가고 있다.

베이커리란 단어나 빵집이라는 단어가 없어도 국민 대다수가 다 알고 있다. 이렇게 되기까지 30년이 걸렸다. 파리바게뜨도 초기에는 'PARIS BAGUETTE'를 못 읽는 사람이 많아 '파리바게뜨'란 한글로 간판 한쪽에 표기해 주었다. 물론 요즘은 불어만 사용한다.

하지만 지금도 많은 신규 브랜드들이 론칭되면서 맥도날드, 파리바게뜨 등의 사례를 따라서 그 브랜드의, 그 매장의 정체를 알 수 없는 간판과 파사드와 익스테리어로 만들어진 매장이 생겨나고 있다.

세 번째 케이스는 고객들로 하여금 궁금증을 자아내게 하려는 목적으로 매장의 정체를 밝히지 않는 간판과 익스테리어 전략을 쓰는 경우이다. 궁금해서 와보게 한다는 전략인데 매우 어리석은 전략이다. 프랜차이즈 마케팅에 연예인과 같은 '신비주의'전략은 없다고 단언한다.

프랜차이즈의 마케팅의 핵심 중 하나는 예측성인데, 신비주의는 예측성과 180도 반대의 전략이기 때문이다.

고객은 궁금하면 호기심이 극대화 되면서 찾아보거나, 찾아가는 '팬'이 아니라 소비자인 것이다.

나의 시간과 재화를 사용할 최대한 높은 가성비의 상품과 메뉴를 찾아야 매장을 선택하는 것이다.

프랜차이즈 고객은 궁금하면 찾아보지 않고 외면한다. 찾아볼 시간에 자기가 잘 알고 확신하는 브랜드에 자신의 시간과 돈을 사용하는 소비주체이다. 아직도 호기심 유발 전략을 프랜차이즈 매장에 적용하려는 사례가 많다. 그런 접근으로는 어느 분야든 프랜차이즈로 석권하기는 어렵다.

프랜차이즈 마케팅의 핵심 중 하나는 예측성이고, 그 예측성을 바탕으로 만든 매장전략이 나와야 프랜차이즈 브랜드로 성공할 수 있다.

그러므로 프랜차이즈 매장은 자신의 정체를 밝혀야 한다. 프랜차이즈는 대중화 사업이기 때문에 브랜드의 정체는 고객이 쉽게 예측하고 알 수 있는 방식으로 밝혀야 한다.

무슨 아이템인지, 어느 정도의 가격대인지, 어느 정도의 상품(메뉴) 구성인지를 간판, 파사드, 익스테리어 등 매장 외관에 노출시켜서 고객이 판단할 수 있어야 한다. 고객이 다 알기 쉽고 정확하게 프랜차이즈 매장의 정체를 밝혀야 하는 것이다.

프랜차이즈 법칙 24. 정체성의 법칙

고객에게 호기심을 유발하는 신비주의로는 프랜차이즈에서 성공을 거둘 수 없다. 프랜차이즈 매장은 자신의 정체를 빨리 밝혀야 한다. 무슨 아이템인지, 어느 정도 가격대인지를 고객이 매장 앞에서 판단할 수 있도록 해야 성공하는 법칙을 말한다.

프랜차이즈 용어 정의

출처: 유재은 프랜차이즈 전략연구소

1. **8도가맹지사**　　본사가 직접 운영하는 직영지사와는 달리 전국 8도에 도별로 제3자에게 가맹비(3,000만 원 ~ 1억 원 내외)를 받고 지사권을 팔아 설립되는 가맹지사를 말한다.

2. **프랜차이즈 대형 일반상권**　　프랜차이즈 상권전개를 하는 데 있어서, 자연적으로 만들어지는 재래상권으로 유명 대형밀집번화가를 말한다(규모에 따라 상, 중, 하의 3단계로 나뉘며, 명동 상권, 홍대 상권, 강남역 상권, 대전 유성 상권, 광주 충장로 상권 등 전국에 100개 내외).

3. **프랜차이즈 중형 일반상권**　　프랜차이즈 상권전개를 하는 데 있어서, 자연적으로 만들어지는 재래상권으로 지역 번화가를 말한다. 대형 일반상권보다는 작고 소형 일반상권보다는 큰 상권을 말한다(규모에 따라 상, 중, 하의 3단계로 나뉘며, 당산역 상권, 이수역 상권, 구의역 상권, 오목교역 상권 등 전국에 200개 내외).

4. **프랜차이즈 소형 일반상권**　　프랜차이즈 상권전개를 하는 데 있어서, 자연적으로 만들어지는 재래상권으로 동네상권을 말한다(규모에 따라 상, 중, 하 3단계로 나뉘며, 전국 1,000개 내외).

5. **프랜차이즈 대형 특수상권**　　대형 프랜차이즈가 입점가능한 인위적으로 만들어지는 대형몰(Mall) 상권 등을 말한다(코엑

스, 디큐브시티, 타임스퀘어, 스타필드하남, 센텀시티 등 전국에 10~20개).

6. **프랜차이즈 중형 특수상권**   중형 프랜차이즈가 입점가능한 인위적으로 만들어지는 6가지 상권을 말한다(대학상권 70~80개, 백화점상권 96개, 대형마트상권 418개, 역·터미널상권 30~50개, 아파트단지상권 100개 이상, 고속도로휴게소상권 185개 등 전국에 약 900개 내외).

7. **프랜차이즈 소형 특수상권**   소형 프랜차이즈가 입점가능한 인위적으로 만들어지는 상권으로 쇼핑센터와 주상복합빌딩 내의 상가상권을 말한다(주상복합 빌딩은 전국에 수백 개 이상으로 예상되며, 중소형쇼핑센터는 지역별로 사라지는 추세에 있음).

8. **프랜차이즈 고인 상권**   고객의 대부분이 그 지역에 거주하거나 상주하고 있어서 유동이나 이동이 거의 없는 대학상권, 오피스상권, 동네상권을 말한다.

9. **프랜차이즈 유동상권**   고객의 대부분이 그 지역에 근무하거나 상주하지 않는 상권으로 유동고객(뜨내기) 중심으로 이루어져 있는 역세권, 번화가, 유흥가 등을 말한다.

10. **프랜차이즈 아도상권**   프랜차이즈 전개에 있어서 동네상권인 소형상권을 말하며, 중형 프랜차이즈가 한 개 브랜드 입점했을 때는 번성하기도 하지만 경쟁 브랜드가 추가 입점 시 매출이 반 토막이 나는 소형상권을 말한다.

11. **프랜차이즈 모자이크 전략**   마케팅 전략이나 사업전략을 구사하는 데 있어서 많은 사람들의 의견을 반영하여, 각 사람의 의견을 조금씩 모아서 모자이크 형태로 만들어지는 전략

을 말한다. 구성원의 정서적 교감은 높은 전략이나 이도저도 아닌 고객만족도가 매우 낮은 전략을 말한다.

12. **프랜차이즈 시장후점**   시장선점이 우선시되는 일반산업 분야와 달리 프랜차이즈에서는 시장선점효과가 미미하며 언제든 경쟁력을 갖춘 브랜드가 출현하면 나중에라도 시장을 모두 석권하게 되는 것을 시장후점이라고 말한다.

13. **프랜차이즈 황새족**   프랜차이즈 마케팅에 있어서 트렌드를 리드하는 25~39세의 소비력이 높은 직장여성 고객을 말한다.

14. **프랜차이즈 뱁새족**   프랜차이즈 마케팅에 있어서 트렌드를 앞서가기 보다는, 트렌드가 형성되고 나면 트렌드에 맞춰서 소비하는 대중화되는 고객들을 말한다.

15. **프랜차이즈 교차고객**   고객이 선호하는 브랜드나 매장을 이쪽 상권에서 이용하던 고객이 저쪽상권에서도 동일하게 상권을 교차하여 이용하는 고객을 말한다.

16. **프랜차이즈 도미노 현상**   프랜차이즈 브랜드, 특히 외식 브랜드에 있어 매장의 40~50% 이상 문을 닫으면 나머지 매장들도 함께 몰락하는 현상을 말한다.

저자소개

유재은

서강대 졸업

㈜프랜코/프랜차이즈 전략컨설팅 / CEO

[부설] 유재은 프랜차이즈 사업전략연구소 / 소장

프랜차이즈 본사 실무경력

엔타스퍼시픽㈜ / CEO(국내 최대 엔타스외식그룹 계열사 — 경복궁, 삿뽀로 등 15개 외식 직영 브랜드, 직원 2,600명)

KDNet(한국통신 KT 자회사) IT프랜차이즈 / 총괄사업 본부장

터보앤컴퍼니㈜ / CEO(코스닥 상장사 터보테크 유통계열사)

천하일품(이자까야) 프랜차이즈 / 총괄사업 본부장

오병이어(한국식 패스트푸드) 프랜차이즈 / 대표

동양마트㈜ 바이더웨이(現 세븐일레븐) 공채 1기

프랜차이즈기업 전략 컨설팅 프로젝트 주요 실적

2016	윈플러스 식자재왕도매마트 상권전략 & 입점타당성분석 컨설팅
2016	윈플러스 식자재왕도매마트 프랜차이즈 조직·시스템 진단 & 사업전략 컨설팅
2016	엔타스외식그룹 '고구려' 직영 외식사업 조직·시스템 진단 & 사업전략 컨설팅
2016	엔타스외식그룹 '경복궁' 직영 외식사업 조직·시스템 진단 & 사업전략 컨설팅
2015	농협 목우촌 헌터스문 신규펍프랜차이즈 사업전략 컨설팅
2014	멕시칸 펍 토마틸로 프랜차이즈 사업전략 컨설팅
2013	효성그룹 일본 온야사이 브랜드 도입 프랜차이즈 전략 컨설팅
2012	한국인삼공사 '정관장' 영업활성화 전략 컨설팅
2011	국순당 외식프랜차이즈 초대형 매장 런칭 전략 컨설팅
2010	한국인삼공사 '정관장' 프랜차이즈 조직·시스템 진단 & 사업전략 컨설팅
2009	인터파크 디초콜릿카페 프랜차이즈 사업전략 컨설팅
2008	와라와라 이자까야 프랜차이즈 사업전략 컨설팅
2007	아모레퍼시픽 '휴플레이스(現 아리따움)' 프랜차이즈 조직·시스템 진단 & 사업전략 컨설팅
2005	현대종합상사 외식사업부문 미요센, 미요젠 M&A매각 컨설팅
2004	중부도시가스 미용서비스 JB카운티 프랜차이즈 신규 사업전략 컨설팅

프랜차이즈 저서

한국시장의 프랜차이즈 전략 / 한국시장의 프랜차이즈 전략 II (개정판)
(국내 최초 1999년에 출간된 프랜차이즈 서적의 효시, 1만 부 판매 / 교보문고 3년간 스테디셀러)

프랜차이즈 강의
연세대 프랜차이즈 CEO 과정 / 아모레퍼시픽 유통'MBA과정' 강사
삼성전자 프랜차이즈 특강 강사 등
국내 프랜차이즈 강의 220회 출강

[부설] 유재은 프랜차이즈 전략연구소 운영 지식사이트(www.franco.co.kr)

· 프랜차이즈 전문강의 동영상 제공 서비스
· 프랜차이즈 분야별 사업전략 보고서 제공 서비스
· 프랜차이즈 분야별 시장조사 분석보고서 제공 서비스
· 프랜차이즈 상권별 분석보고서 제공 서비스
· 프랜차이즈 매뉴얼 / 파일 / 서식 제공 서비스

한국시장의 프랜차이즈 법칙

초판발행   2017년 1월 20일
중판발행   2018년 8월 25일

지은이   유재은
펴낸이   안종만

편 집   이승현
기획/마케팅   손준호
표지디자인   권효진
제 작   우인도·고철민

펴낸곳   ㈜ **박영사**
              서울특별시 종로구 새문안로3길 36, 1601
              등록 1959. 3. 11. 제300-1959-1호(倫)
전 화   02)733-6771
f a x   02)736-4818
e-mail   pys@pybook.co.kr
homepage   www.pybook.co.kr
ISBN   979-11-303-0395-6   03320

정 가   15,000원